JONAS VERLAG

Materialien zur Kunst- und Kulturgeschichte in Nord- und Westdeutschland
herausgegeben von Petra Krutisch, G. Ulrich Großmann und Holger Reimers im Auftrag des Instituts für Architektur-, Kunst- und Kulturgeschichte in Nord- und Westdeutschland beim Weserrenaissance-Museum Schloß Brake
Redaktion: Regina Fritsch

Die Ausstellung steht unter der Schirmherrschaft von Franz-Josef Kniola, Minister für Stadtentwicklung und Verkehr des Landes Nordrhein-Westfalen, Vorsitzender des Kuratoriums des Weserrenaissance-Museum Schloß Brake, Lemgo

Die Deutsche Bibliothek – CIP-Einheitsaufnahme
500 Jahre Garantie : auf den Spuren alter Bautechniken / [Hrsg.: G. Ulrich Grossmann … Mit Beitr. von: Eckehard Deichsel …]. – Marburg : Jonas-Verl., 1994
(Materialien zur Kunst- und Kulturgeschichte in Nord- und Westdeutschland ; Bd. 12)
ISBN 3-89445-171-8
NE: Grossmann, Georg Ulrich [Hrsg.]; Deichsel, Eckehard;
Fünfhundert Jahre Garantie; GT

Gesetzt in Garamond Mediäval und Univers
Papier 115 g Samtoffset säurefrei

Weidenhäuser Straße 88 · D-35037 Marburg

Gestaltung Gabriele Rudolph
Druck Fuldaer Verlagsanstalt
ISBN 3-89445-171-8
ISSN 0939-9453

500 Jahre Garantie

Auf den Spuren alter Bautechniken

Materialien zur Kunst- und Kulturgeschichte in Nord- und Westdeutschland · Band 12

Jonas Verlag

Herausgeber:
G. Ulrich Großmann
Petra Krutisch
Holger Reimers

Projektleitung:
Holger Reimers

Mit Beiträgen von:
Eckehard Deichsel
G. Ulrich Großmann
Regina Fritsch
Matthias Henkel
Bernd Müller
Holger Reimers
Thomas Schwark

Redaktion:
Regina Fritsch

Szenische Illustrationen:
José Kastler

Technische Zeichnungen:
Claudia Dornberger
Andrea Ernst
Helmut Nicolay

Fotos/Repros:
Matthias Säck

Modellbau:
Helmut Hannes
Carl Maria von Spiegel

Ausstellungsinstallation:
Eckehard Deichsel
Carmine Politano

Restauratorische Betreuung:
Eckehard Deichsel

Gestaltung der Ausstellung:
Ute Brose-Säck

Sekretariat:
Marion Berning
Gisela Rabald

Öffentlichkeitsarbeit:
Werbeagentur Siekmann, Lemgo
Matthias Henkel

Parallel zu diesem Band erscheint das Buch des Arbeitskreises für Hausforschung:
»Historische Baumaterialien – historische Bautechniken«
als Band 42 des Jahrbuchs für Hausforschung mit den Beiträgen
der Jahrestagung 1991 in Lemgo.

Inhalt

Vorwort

500 Jahre Garantie – Wer würde es heute wagen, modernen Erzeugnissen und Baustoffen eine solche Lebenserwartung zuzutrauen? Die Handwerker des Mittelalters und der frühen Neuzeit jedoch hätten eine solche Garantie ohne weiteres geben können, wie wir aus zahl reichen Funden und Befunden wissen.

500 Jahre Garantie – Hinter diesem Titel verbirgt sich eine umfangreiche Sonderausstellung im Weserrenaissance-Museum Schloß Brake, die Fragen des historischen Bauwesens zum Inhalt hat.

Am Beispiel eines Fachwerkhauses aus der Zeit der Renaissance zeigen wir die spannende Geschichte bzw. Baugeschichte eines städtischen Hauses und seiner Besitzer von seinen Anfängen im 16. Jahrhundert bis zur Gegenwart. Lokalisiert haben wir das Haus in der Phantasiestadt Weserbrück, die wir allerdings genausogut Rheinstein, Elbberge oder Moselfurt hätten nennen können. Was typisch für ein solches Fachwerkhaus ist, wie es geplant, gebaut und genutzt wurde, aber auch wie die nachfolgenden Generationen es umgestaltet haben, wird in dieser Ausstellung beispielhaft zu erfahren sein.

Doch wir möchten nicht nur über Historisches und Vergangenes berichten, nicht nur Wohnen und Wirtschaften oder handwerkliche Fertigkeiten früherer Generationen darstellen. Die Haltbarkeit historischer Baustoffe wie Holz, Kalk und Lehm über ein halbes Jahrtausend – und wahrscheinlich noch länger – sollte ein Argument für ihre Anwendung auch in der heutigen Zeit sein. Vor allem wollen wir zeigen, wie man mit alten Häusern umgehen kann. Eine zunehmende Zahl von schonenden Baumaßnahmen belegt, daß es durchaus zur Zufriedenheit aller beteiligten Bewohner, Handwerker und Planer gelingen kann, ein altes Haus zu erhalten. Aus einer gründlichen Bauforschung, wie sie etwa das Weserrenaissance-Museum seit Jahren betreibt, ergeben sich Überlegungen für die Sanierung eines Hauses. Die Ausstellung will deshalb nicht zuletzt Wege zum bewußten Umgang mit der Geschichte und der gebauten Umwelt aufzeigen.

Ausstellung und Katalog sind ein Arbeitsergebnis des Forschungsprojektes »Architektur-, Kunst- und Kulturgeschichte in Nord- und Westdeutschland«, das durch das Ministerium für Stadtentwicklung und Verkehr des Landes Nordrhein-Westfalen finanziert wird. Minister Franz-Josef Kniola hat dankenswerterweise die Schirmherrschaft über die Ausstellung übernommen. Die Ausstellung wäre ohne den engagierten Einsatz der Mitarbeiter des Forschungsprojektes und des Weserrenaissance-Museums nicht zu realisieren gewesen. Ihnen sei deshalb herzlich gedankt. Besonders danke ich jenen Beteiligten, die nicht am Museum beschäftigt sind und deren Engagement um so mehr hervorzuheben ist. Dank gilt aber auch den Leihgebern und allen anderen Personen, die uns mit Rat und Tat behilflich waren.

G. Ulrich Großmann

Einleitung

Das vorliegende Buch ist als Begleiter zur Sonderausstellung »500 Jahre Garantie...« gedacht. Es versteht sich nicht als Ausstellungskatalog, sondern soll ein Lesebuch sein, in dem die Geschichte eines Hauses erzählt wird. Das Haus selbst, so wie es hier vorgestellt wird, gibt es nicht, obwohl ein tatsächliches Gebäude als Vorbild gedient hat. Das Schicksal dieses Hauses gab nicht zuletzt den Anstoß zu dieser Ausstellung. Obwohl es noch an Ort und Stelle steht, ist es doch seiner Geschichte beraubt worden und verfügt nur noch über einige Teile des alten Holzgerüstes. In der Geschichte unseres Hauses fassen wir viele Erkenntnisse aus der langjährigen Forschungspraxis zusammen und übertragen sie auf dieses Beispiel. Alles könnte sich also tatsächlich so abgespielt haben, wie es geschildert wird.

Ausstellung und Buch sind chronologisch aufgebaut und zeigen das allmähliche Entstehen des Hauses sowie seine Veränderungen und Umbauten im Laufe der folgenden vier Jahrhunderte. Grundlegendes hat sich gewandelt: Das Wohn- und Handelshaus der Renaissance mit wenigen Räumen, wie Diele, Saal und einer kleinen, wohnlichen, ofenbeheizten Stube wurde erstmals nach dem Dreißigjährigen Krieg erweitert, im 19. Jahrhundert zum Mietshaus umgebaut, im 20. Jahrhundert modernisiert und schließlich um 1990 durchgreifend saniert. In diesem Zusammenhang wird das Vorgehen der Bauforscher erläutert. Ihre Untersuchungsergebnisse waren die Basis für die ganze hier erzählte Geschichte. Entsprechend dem Vorgehen der Bauforscher kann man die Haus-Geschichte auch rückwärts lesen und von der jüngsten Vergangenheit in immer ältere Bauzustände vordringen.

Das Buch besteht aus elf Kapiteln mit je drei Teilen. Am Anfang jedes Kapitels wird in Art einer Chronik die jeweilige Situation geschildert und die handelnden Personen treten namentlich auf. Im zweiten Teil erfolgt eine genaue Schilderung der einzelnen Arbeitsgänge beim Bau und Umbau des Hauses. Wir mußten uns dabei auf einige charakteristische Umbauvorgänge beschränken, kleinere Reparaturen und Verschönerungen wie Wandanstriche etc. fanden auch früher schon in Abständen von fünf bis zehn Jahren statt. Auf einer anderen Ebene ist der dritte Teil der Kapitel anzusiedeln. Hier werden die wichtigsten Arbeitsweisen und Methoden der Bauforschung dargestellt. Als Ergebnis der Bauforschung bilden Zeichnungen des Bestandes und nach Befunden rekonstruierter älterer Bauzustände den Abschluß des Buches in Form eines Leporellos. Im Anhang wird demjenigen Leser, der sich für eine Wiederherstellung und Erhaltung eines alten Hauses interessiert, eine Handreichung gegeben, die ihm das Vorgehen dazu erleichtern kann. Die angegebene Literatur gibt einen Einblick über die weiterführenden Titel zum Thema.

Unser Anliegen ist es, zu verdeutlichen, daß sich die vielen Spuren der Geschichte an jedem anderen alten Haus auch finden lassen. Wir wollen vor allem die Neugier wecken, ein solches Haus mit anderen Augen zu betrachten, ihm seine kleinen Geheimnisse zu entlokken und so Stück für Stück seine Vergangenheit aufzuspüren.

Können wir dieses Interesse für Altbauten wecken, so hoffen wir, wird sich vielleicht auch der Umgang mit ihnen ändern. Denn jedes abgerissene oder entkernte Haus bedeutet den Verlust eines historischen Dokumentes, eines Zeugnisses der Vergangenheit.

Weserbrück ist überall

Schauplatz unserer Haus-Geschichten ist das Städtchen Weserbrück. Auf der Landkarte wird man es vergeblich suchen, denn in Wirklichkeit gab und gibt es keinen Ort dieses Namens. Aber unsere Chronik eines Hauses und seiner Bewohner ist alles andere als unwahrscheinlich. Die Ereignisse und die handelnden Personen sind frei erfunden, aber sie sind typisch für eine Kleinstadt an der Weser. Alles könnte sich tatsächlich so zugetragen haben. Weserbrück könnte überall sein – zwischen Münden und Bremen und darüber hinaus. Unser Bericht beginnt in der Mitte des 16. Jahrhunderts. Das Städtchen, seit 1554 lutherisch, erlebt eine enorme Blütezeit: die Wirtschaft floriert und das kulturelle Leben entfaltet sich. Sichtbar wird dies vor allem in den vielen Bauten mit den neuen Schmuckformen der Renaissance...

1 Lemgo, Breite Straße nach Norden (Fotografie 1960)

Bauen im Stil der Renaissance

Seit etwa einer Generation kannte man den Stil, der später die Bezeichnung »Renaissance« erhalten sollte, weil er die »Wiedergeburt« antiker Proportionen und Formen darstellte, wie man sie besonders in Italien studieren konnte. Die ersten Schlösser der Renaissance im Weserraum entstanden ab etwa 1525, Schloß Neuhaus bei Paderborn, die Schelenburg bei Osnabrück und andere. Auch die Bürger ließen ihre Häuser im neuen Stil errichten. 1540 hatte ein schrecklicher Brand weite Teile der Stadt Einbeck eingeäschert. Schnell mußte man neue Fachwerkhäuser errichten. Bei ihrer Gestaltung griff man den Stil der Renaissance auf, ihre Fassaden tragen beispielsweise die typischen Fächerrosetten. Viele Renaissanceformen lernte man durch Bücher und graphische Blätter kennen. Die notwendigen Vorlagen konnte man auf den Messen, beispielsweise in Frankfurt, kaufen, wo auch Albrecht Dürer seinen Stand gehabt hatte. Aufwendige und moderne Schnitzereien an der Fassade sollten beweisen, wie gebildet der Bauherr war. Ein geschickter Handwerker besaß auch eigene Vorlageblätter, um dem Bauherrn Ratschläge für die Gestaltung des Hauses oder einzelner Dekorationsformen zu geben.

Ziele der Bauforschung

Wie haben Menschen in der Vergangenheit in ihren Häusern gelebt? Wie wurden in der Vergangenheit Häuser gebaut? Wie und warum wurden Häuser umgebaut? Welche neuen Bedürfnisse führten zu welchen Umbauten?

Die Liste der Fragen, die an ein Haus gestellt werden können, ließe sich beliebig erweitern. Immer stehen jedoch der Mensch und seine Lebensweise im Mittelpunkt.

Viele Aspekte zur Lebensweise und Bautechnik unserer Vorfahren sind nicht durch schriftliche Nachrichten überliefert. So wird die Bausubstanz selbst mit den Spuren der Materialbearbeitung und den Spuren der Nutzung zur wichtigsten Quelle unseres Wissens über das Bauen und Wohnen vergangener Generationen.

Aber die Bauforschung dient nicht nur der wissenschaftlichen Neugier. Die Arbeitsergebnisse sind vielfach Grundlage für Architekten und Denkmalpfleger, wenn man bei der Reparatur eines Altbaus eine Beurteilung der Baugeschichte als Ausgangspunkt für ein neues Nutzungskonzept verwendet.

»eyn new gebawe« soll es sein

Es war im Frühjahr des Jahres 1574, als sich Henrich Lüdeking entschloß, das noch ganz im alten Stil gebaute Fachwerkhaus in der Langen Straße zu kaufen, um es für seine Bedürfnisse umzubauen. Es lag im Zentrum von Weserbrück in der Grafschaft Schaumburg, in der Nähe des für ihn so wichtigen Marktes und unmittelbar bei der ehrwürdigen St.-Nicolai-Kirche. Henrich war Großkaufmann und hatte in den letzten Jahren im Fernhandel gut verdient. Auf der Weser wurden verschiedene Güter verschifft, die besten Gewinne konnte man derzeit mit Getreide erzielen. Auch sonst ging es ihm gut; unlängst hatte er die Tochter des Stadtsekretärs, Cathrine Siverding, geheiratet, und Nachwuchs war auch schon unterwegs. Ein Haus wie er es sich wünschte, mußte also gleich mehrere Zwecke erfüllen: Zum einen war viel Speicherplatz für die verschiedenen, wertvollen Waren vonnöten, denn sicher würde die Hochkonjunktur noch lange anhalten. Zum anderen sollte das Haus den Lebensraum für Henrichs eigene Familie und die fünf Bediensteten bieten, mit denen man sich regelmäßig zu den Mahlzeiten und zum Gebet traf. Ein Haus – zudem in dieser hervorragenden Lage – war gleichzeitig auch Ausdruck eines standesgemäßen Lebens und mußte daher in den modernen Formen gestaltet und mit einem gewissen Luxus ausgestattet sein. Dazu gehörte auch der Wunsch nach mehreren, abgetrennten Räumen, nach Wärme zu allen Jahreszeiten und nach Helligkeit. Ein modernes, schön gestaltetes Haus diente auch als Geldanlage und als Basis für Kredite. Nicht daß er Cathrine Siverding wegen ihrer Mitgift geheiratet hatte, aber durch die Verbindung war Henrichs Bauvorhaben finanziell abgesichert. Nachdem das alte Haus weitgehend abgebrochen war, gingen die Bauleute daran, das bestehende Fundament zu erneuern ...

Planung und Fundament

Die Planung des neuen Fachwerkhauses nahm nicht allzuviel Zeit in Anspruch. Der Kaufmann wollte ein Haus mit einer großen Diele, einem seitlichen Stubeneinbau und rückwärtig einem Saal, welcher als einziger Bauteil unterkellert sein sollte. Dies war der im weiten Umkreis geläufige Typ eines städtischen Bürgerhauses. Diele und Dachraum boten genügend Platz zum Lagern der Waren. Nach den Vorgaben des Bauherrn plante der Zimmermann das Haus, das eine Länge von 8 Fachen haben und zur Straße hin durch eine Utlucht bereichert werden sollte. Die ersten Arbeiten wurden von den Maurern ausgeführt. Mit Schnüren steckten sie das Grundstück neu ab. Das alte Haus war klein und zudem baufällig, da die Vorbesitzer aus Geldmangel notwendige Reparaturen nicht hatten ausführen können. Der neue Besitzer hatte Besseres vor: Er ließ das Haus abtragen,

2 *»Ziehen des Randschlages«*

3 Nach grobem Abspitzen feineres Abarbeiten der Bosse mit Zweispitz, senkrecht geschlagen mit beiden Händen

4 Überarbeiten der rauhen Oberfläche im »Stich«. Der Block ist schief aufgebänkt, durch den schrägen, beidhändigen Schlag mit der Zahnfläche wird verhältnismäßig viel Material weggenommen

5 »Scharrieren«. Häufigste Oberflächenbehandlung im Barock und 19. Jahrhundert, bis zum Ende des Mittelalters nicht bekannt. Ein breites Eisen wird im Gegensatz zur Zahnfläche einhändig kontrolliert aufgesetzt. Starke Prellwirkung durch Schlag mit dem Knüpfel

um die wenigen wiederverwendbaren Hölzer nutzen zu können. Nur die Fundamente des Kellers wurden für das neue Haus direkt übernommen. Entsprechend dem Baugrundriß hob man die Fundamentgruben aus. Die unteren Steinlagen wurden nur grob in die Grube gelegt und mit Kalkmörtel befestigt. Anschließend schüttete man Erde gegen sie. Dieser Teil ergab das Fundamentmauerwerk. Darüber mauerte man sorgfältiger, da der Steinsockel auch künftig sichtbar bleiben sollte.

Der Mörtel bestand aus Kalk, Sand und Wasser. Den Baukalk bezogen die Maurer vom städtischen Kalkofen. In ihm wurden Kalksteinbrocken bei hohen Temperaturen gebrannt, bis ihnen das Wasser ausgetrieben war. Der gebrannte Kalk wurde anschließend von den Maurern in einer Grube »gelöscht«, d.h. mit Wasser gemischt. Dabei zerfielen die Brocken allmählich, während sie das Wasser gierig und kräftig blubbernd aufsogen. Bis der Kalk endgültig abgelöscht war, verging einige Zeit und je länger er in der Grube blieb, umso »sahniger« wurde der Kalkbrei. Für besonders feine Putz- und Anstricharbeiten blieb er bis zu drei Jahren »eingesumpft« und mußte anschließend noch gründlich gesiebt werden. Für die Mörtelherstellung reichten ein paar Wochen als Einsumpfzeit. Zum Ansetzen der Speise, des eigentlichen Mörtels, mußte jetzt noch gesiebter und gewaschener Sand hinzugefügt werden.

Die Holzschwellen des Fachwerks wurden nun auf einige lose Steine aufgelegt und der Sockel bis dahin hochgemauert. Entscheidend war, daß Holzschwelle und Steinsockel genau aufeinander paßten, denn so konnte man lästige Meßfehler am besten vermeiden.

Gemauert wurde mit Sandstein, der aus dem nahe gelegenen Steinbruch beschafft werden konnte. Es genügte, die Oberfläche der einzelnen Steine grob zu glätten. Kleine Steinchen füllten die Fugen aus, um den Mörtelverbrauch möglichst gering zu halten. Der aus den Fugen hervorquellende Kalkmörtel wurde breit verstrichen und überdeckte die Kanten der anliegenden Steine, so daß insgesamt eine einheitliche Mauerwerksfläche entstand. Mehr als ein oder zwei Fuß hoch wurde der Sockel nicht gemauert, Steinmauerwerk war teuer und die dickere Steinmauer sollte nicht in den Bereich des Hauses hineinragen, da die Fachwerkwand darüber ja nur eine Stärke von wenig mehr als einem halben Fuß haben würde.

Während man für das Mauerwerk unter den Holzschwellen die Steine danach aussuchte, daß sie die Breite des Sockels besaßen, mauerte man den Keller »zweischalig«. Von außen und von innen wurden je eine Bruchsteinschale gegeneinander gemauert, auf jeder Seite sorgfältig vermörtelt und der verbleibende Hohlraum mit Gesteinsbruchstücken und Mörtel ausgefüllt. Nur zwei kleine Kellerfenster und der Zugang zum Keller vom Hausinnern her machten einen Spezialisten erforderlich. Die Gewände wollte der Bauherr nicht aus einfachen Bruchsteinen gemauert haben, sondern aus zusammengesetzten Quadern. Ein Steinmetz hatte das Material dafür zu beschaffen. Es ist eine besondere Kunst, das im Steinbruch gewonnene Werkstück zu einem rechtwinkligen und glatten Quader zu bearbeiten.

Zunächst markierte der Steinmetz eine Linie auf dem Stein, um eine erste gerade Kante herzustellen. Von hier aus peilte er die anderen Ecken des Steines an, ein Vorgang, den man »Versehen« nennt. Die angepeilten Punkte wurden gekennzeichnet und zunächst eine Kante des Steines auf die entsprechende Höhe geschlagen. Ähnlich verfuhr man mit den anderen Seiten des Steines. Die Binnenfläche zeigte noch die rauhe Oberfläche, die »Bosse«, im nächsten Schritt wurde diese ebenfalls geglättet, so daß ein wirklich glatter Stein entstand. Mit feinen Meißeln schlug der Steinmetz zum Schluß ein Profil in den Stein, um eine dekorative Wirkung zu erzielen. Es war üblich, daß er durch ein Steinmetzzeichen sein Werk geradezu signierte. Bezahlt wurde er allerdings nicht nach den von ihm angefertigten Werkstücken, sondern nach der Arbeitszeit, d.h. im Tagelohn oder Wochenlohn.

Das wichtigste Arbeitsgerät des Steinmetzen, geradezu das Erkennungszeichen

6 Baubetrieb (Maurerarbeit), Holzschnitt, 1532

war das Winkeleisen, dessen rechter Winkel ihm bei der Herstellung der Quader behilflich war. Das Behauen des Steines erfolgte mit einem hölzernem Klüpfel, mit dem auf ein Schlageisen oder Sprengeisen (das oft wie ein Meißel aussah) geschlagen wurde. Damit konnten recht genaue und feine Kanten und Flächen hergestellt werden. Größere Steinflächen, die grob abzuschlagen waren, konnten mit dem Krönel oder der Fläche bearbeitet werden – Werkzeuge, die der Funktion nach etwa dem Beil des Zimmermannes entsprechen. Der Gebrauch des jeweiligen Werkzeuges war abhängig von dem Muster, das die Steinoberfläche später zeigen sollte: sehr grob oder sehr fein, regelmäßig oder unregelmäßig.

Das Einsetzen der Quader konnte bei dem relativ kleinen Bau von den Maurern erledigt werden. Die Überdeckung des Kellers sollte erst später, nach der Fertigstellung und dem Aufbau des Holzgerüstes erfolgen, denn für ihn war eine Balkendekke vorgesehen. Dem Bauherrn war ein gewölbter Keller, wie er seit fast 100 Jahren in der Gegend üblich war, zu niedrig und zu teuer, so daß er die an sich veraltete Form des Balkenkellers wählte. Nach Abschluß dieser Arbeiten war die Tätigkeit für die Maurer vorerst beendet. In ein paar Wochen sollten sie jedoch nochmal zur Baustelle zurückkehren, um die besonderen Zierausfachungen mit Backstein am Giebel des Hauses zu mauern.

Spuren über und unter der Erde

Ganz wichtig für die Entdeckung älterer Bauzustände ist das Erkennen von Baufugen. Es handelt sich dabei um besonders akzentuierte Fugen im Mauerwerk, die sich aus dem Zusammentreffen unterschiedlicher Bauteile ergeben. Baufugen zeichnen sich z.B. ab, wenn an eine deutliche Eck-Quaderkante eines Bauwerks eine Verlängerung aus grobem Bruchstein angesetzt worden ist – die Ecke bleibt weiterhin zu sehen. Baufugen ergeben sich auch, wenn ein Fenster nachträglich in das Mauerwerk eingebrochen wurde und das ursprünglich homogene Mauerwerk auf die neue Öffnung hin angepaßt werden mußte. Ebenfalls ist eine Baufuge erkennbar, wenn ein ursprünglich vorhandenes Fenster entfernt und

7 Die rechte Traufwand zeigt Baufugen zwischen unterschiedlichen Materialien aus verschiedenen Zeiten. Herford, Radewiger Straße 23 (Fotografie 1992)

das Loch geschlossen wurde – häufig mit andersartigem Material, anderem Mörtel und anderer Mauertechnik. Derartige Baufugen können wir im Bruchsteinbau, im Backsteinbau, in durchaus vergleichbarer Weise aber auch im Fachwerkbau ausmachen. Neben ganz einfachen und klaren Befunden gibt es auch außerordentlich komplizierte Sachverhalte, die sich nicht immer auf den ersten Blick erklären lassen, etwa bei mehrfachem Umbau einer Stelle oder bei besonders sorgfältiger Anpassung des neuen Mauerwerks an das ältere. Schließlich kann es sein, daß ein Bauteil entfernt wurde, mit dessen Existenz wir gar nicht rechneten, und so bleibt manche Baufuge unerklärlich, bis wir einmal ein Vergleichsbeispiel finden. Nicht immer ist ein vermauertes Loch die Stelle eines früheren Fensters, es könnte auch ein Erker, ein Abort oder etwas ähnliches gewesen sein.

8 Bei der archäologischen Grabung wurde unter dem Fußboden im Vorderhaus ein Schmelzofen gefunden, der für den Neubau des bestehenden Steinhauses in der Mitte des 15. Jahrhunderts aufgegeben wurde. Höxter, Stummriegestraße 37 (Fotografie 1990)

Interessante Spuren des Bauens und Wohnens haben sich nicht nur oberirdisch erhalten. Häufig finden sich auch unterhalb der Hausfundamente wichtige Zeugnisse früheren Lebens. Einerseits können dies Mauerreste längst vergangener Gebäude sein, andererseits finden sich im Erdreich oft zahlreiche Fragmente von Gegenständen des alltäglichen Lebens: von Töpfen, Gläsern, Krügen, Kannen. Allerdings erhalten sich im Boden nicht alle Materialien in gleicher Weise. Gegenstände aus organischen Stoffen wie Holz, Leder oder Textilien überstehen nur in feuchtem, luftdichten Bodenmilieu die Jahrhunderte. Diese Bedingungen sind bei Kloaken und Abfallgruben aufgrund der feuchten Verfüllungen in besonderer Weise gegeben. Gefäße aus Keramik hingegen sind sehr widerstandsfähig. Etwas anfälliger ist Glas. Metallfunde sind relativ selten, da Gegenstände aus Eisen oder Bronze früher aufgrund ihres hohen Wertes eingeschmolzen und wiederverwertet wurden.

Beides, die Befunde (Mauern, Gruben, Verfüllungen) und die Funde (Gegenstände aus Keramik, Glas, Holz, Metall) sind von großer Bedeutung für die Bauforscher und Archäologen. Während die Befunde Aussagen über eine frühere Bebauung der Grundstücke ermöglichen und damit Hinweise auf die Entwicklung von Stadtteilen oder Siedlungen geben, können die Archäologen mit den Funden die verschiedenen Befunde zum Teil recht genau datieren.

Denn ebenso wie heute unterlagen die Gegenstände des Alltags dem Wandel der Mode. So waren bestimmte Gefäßformen oder Materialien nur zu bestimmten Zeitabschnitten »modern«. Beispielsweise wurden erst seit dem 15./16. Jahrhundert Keramik-Gefäße zunehmend farbig bemalt und mit einer Glasur versehen. Erst durch die enge Zusammenarbeit zwischen Archäologen, Bauforschern und Historikern können aus diesen einzelnen »Mosaiksteinen« komplette »Bilder« der Vergangenheit entstehen.

»Ein Haufen Holz« – der wichtigste Baustoff wird knapp

Die dringlichste Aufgabe bestand in der Beschaffung von genügend Bauholz. An vielen Stellen der Stadt wurde gebaut, es gab allein in der Langen Straße drei Neubauprojekte und wer es konnte, vergrößerte sein Haus durch modern gestaltete Anbauten oder stockte es auf. Der Holzverbrauch in Weserbrück war enorm gestiegen; hierin stand die Stadt ihren großen Schwestern Rinteln und Oldendorf nicht nach. Weserbrück verfügte außerhalb der Mauern über einige Waldungen, deren Nutzung den Bürgern zustand. Dieses Recht hatten die Bürger dem Schaumburger Grafen regelrecht abgekauft, als sich dieser 1447 in akuten Geldnöten befunden hatte.

Lüdeking hatte seinen Bedarf rechtzeitig angemeldet. Daraufhin hatten die Stadtteilrichter ihm »seine« Eichen zugewiesen. Doch reichte die Menge bei weitem nicht aus, denn Holz war nicht nur für das bloße Fachwerkgerüst nötig. Auch für den Innenausbau wurden dutzende von Stämmen benötigt: Da waren die Fußbodendielen zu verlegen, verschiedene Treppen, Fenster und Türen zu bauen sowie der Rückgiebel zu verbrettern. Mit der Wahl des Zimmermeisters Johann Bleick hatte der Bauherr großes Glück gehabt. Er war weitgereist und hatte schon im Braunschweigischen gearbeitet. Gute Beziehungen hatte er zum Verwalter des Klosters Marienfelde, das für seine reichen Holzbestände bekannt war. Sehr früh konstruierte Bleick das kräftige, hölzerne Aufzugsrad, mit dem später die Handelswaren aus der Diele bis in das oberste Dachgeschoß gehievt werden konnten; schon jetzt beim Bau konnte es als Kran wertvolle Dienste leisten...

Das Holzgerüst

Die Stämme für den Bau des Hauses wurden im Winter vor dem Baubeginn geschlagen, wenn die Bäume nicht »im Saft« standen.

Das Stammholz wurde anschließend, solange der Boden noch gefroren war, mit Fuhrwerken zum Abbundplatz gebracht, welcher vor der Stadtmauer lag und allen Zimmerleuten von Weserbrück zur Verfügung stand. Hier konnte das Holzgerüst des gesamten Hauses bis in alle Einzelheiten ausgelegt und vorgefertigt – »abgebunden« – werden. Auf der Baustelle brauchte es dann nur noch aufgestellt, – »gerichtet« – zu werden. Der Platz war mit Fuhrwerken gut zu erreichen, und er lag an der Floßlandestelle.

Die Stämme mußten nun zu Bauholz aufgesägt werden, wobei der Zimmermeister entschied, welche Stämme oder Stammabschnitte in welcher Weise aufgesägt werden sollten. Ausschlaggebend dafür waren Stärke und Qualität des Holzes so-

9 Der Holzschnitt vereint die wichtigsten Arbeiten der Zimmerleute auf einem Blatt: das Abbeilen, Bohren, Ausarbeiten von Zapfenlöchern und Sägen. Jost Amman, 1568

wie die benötigte Menge an Fachwerkständern, Bohlen und Brettern.

Man benutzte dazu entweder eine ungespannte Säge wie die Schottsäge oder eine Klobsäge. Beide Werkzeuge wurden senkrecht geführt. An einer großen Klobsäge arbeiteten drei oder vier Mann. Um die nötige Arbeitshöhe zu bekommen, legte man den Stamm auf einen großen Sägebock oder über eine Grube. Auf dem Zimmerplatz war eine Sägegrube als feste Einrichtung vorhanden. Die Sägeschnitte wurden auf den Stirnseiten der Stämme mit Kreide oder Rötel markiert. Auf die Länge des Stammes konnten die Markierungen dann mit dem Schnurschlag übertragen werden.

10 *Abbundplatz mit Sägegrube vor den Stadtmauern von Borken, Kupferstich, 1621*

11 Der Holzschnitt von 1531 zeigt das »Klaffen« eines Baumstammes und das »Schnurschlagen«

Dazu wurde eine in Farbpulver getauchte Schnur längs über den Stamm gespannt. Ließ man sie gegen das Holz schnellen, entstand eine »schnur«-gerade, farbige Linie.

Dünnere Stämme, besonders Teile des Dachwerks, wurden auch mit Axt und Beil zugerichtet. Dazu wurden die Holzkanten per Schnurschlag auf dem Stamm markiert. Das abzubeilende Holz kerbten die Zimmerleute in regelmäßigen Abständen bis zur Tiefe der Markierung ein und schlugen es dann mit der Bundaxt ab. Die so entstandene Fläche wurde anschließend mit dem breiten Beschlagbeil geglättet. Die Arbeit mit Axt und Beil war leichter als das sehr mühsame Aufsägen und ging schneller. Das Spalten dicker Stämme mit der Axt und das anschließende Beschlagen mit dem Beil war inzwischen gegenüber der präziseren Technik des Aufsägens bereits veraltet; es kam auch nur in Frage, wenn der entstehende Abfall nicht ins Gewicht fiel, wenn also aus einem Stamm nur ein Balken gewonnen werden sollte. Es war jedoch nicht unüblich, die dem Hausinnern zugewandte Seite der Balken abzubeilen, wohingegen die Außenseiten gesägt wurden.

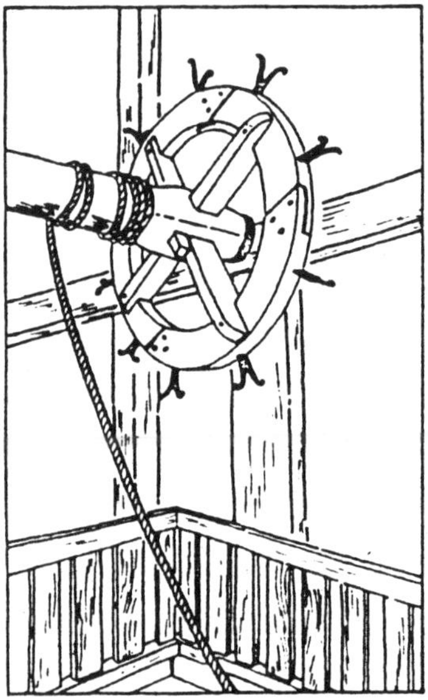

12 Aufzugsrad im Dachwerk. Herford, Radewiger Straße 23, um 1640

Während das Stammholz aufgesägt oder mit dem Beil zugerichtet wurde, nahm der Zimmermeister die genauen Maße für den Abbund. Diese Maße wurden am Bau genommen, d.h. auf den ganz oder teilweise fertiggestellten Grundmauern des Hauses.

Auf Latten wurden für Längs- und Querwände, außen und innen, die Abstände der Ständer, die Lage der Türen und Fenster sowie die Geschoßhöhen markiert. Durch diese Maßlatten hatten die Zimmerleute alle wichtigen Maße des Baues im Verhältnis 1 : 1 auf dem Abbundplatz zur Hand und konnten sie direkt auf die Teile der Holzkonstruktion übertragen. Für das Abbinden gab es verschiedene Methoden. Allen gemeinsam war das Grundprinzip, Wand für Wand, Decke für Decke und das Dachwerk auszulegen, danach die Holz-

13 Marktplatz als Abbundplatz. Kamen (Fotografie 1871)

14 Gebundenes Gerüst nach jahrhundertealter Tradition. Lemgo, Mittelstraße 64 (Fotografie 1903)

verbindungen anzuzeichnen, auszuarbeiten und schließlich zusammenzustecken. Ausgelegt wurden die Wände auf einigen Klötzen, so daß die Balken nicht direkt auf der Erde lagen und eine brauchbare Arbeitshöhe von 40-50 cm erreicht wurde. Wichtig war es, zwischenzeitlich die Einhaltung des richtigen Winkels und der durch die Meßlatten vorgegebenen Maße zu kontrollieren. Auch die Fächerrosetten der Brüstungsbohlen und die Dekoration der Ständer und Füllhölzer wurden schon auf dem Abbundplatz eingeschnitzt. War eine Wand fertig abgebunden, wurden in alle Teile Markierungen, sog. Abbundzeichen, geschlagen. So konnten sie nach dem Transport auf der Baustelle wieder richtig zusammengesetzt werden. Für das »Richten«, das Aufstellen des Fachwerkgerüstes, waren zahlreiche Hände vonnöten, entweder solche von Handlangern oder solche von hilfreichen Nachbarn. Beim Aufrichten des Obergeschosses, beim Anreichen und Hinaufhieven der Balken waren die Zimmerleute froh über jede Hilfe. Wenn schließlich auch das Dachwerk stand, kamen alle, Handwerker und Helfer, in den Genuß des Richtfestes, das den Abschluß der ersten wichtigen Bauphase markierte.

Datierung – Altersbestimmung

15 Wohnhaus mit Renaissanceschnitzereien und inschriftlicher Datierung im Schwellbalken des Oberstocks. Ohr, Landkreis Hameln-Pyrmont (Fotografie 1987)

Für die Altersbestimmung von Bauten oder Bauteilen gibt es verschiedene Methoden. Inschriften am Haus sind ein erster Anhaltspunkt, aber sie geben nicht immer das tatsächliche Baujahr an und müssen überprüft werden. Feste Daten kann man manchmal aus Schriftquellen gewinnen: alte Rechnungsbelege geben z.B. Aufschluß über den Zeitpunkt eines Umbaus. Oft lassen die an der Fassade verwendeten Schmuckformen eine stilistische Einordnung zu. Ähnlich den Schmuckformen lassen sich auch Konstruktionsformen, Handwerkstechniken und Material zeitlich einordnen. So stammen z.B. Spuren der Kreissäge oder Ausfachungen mit Zementmörtel aus unserem Jahrhundert, ohne Blendrahmen eingesetzte Fenster mit Bleiverglasung dagegen eher aus der Zeit vor 1800.

Eine naturwissenschaftliche Methode der Altersbestimmung von Holz ist die

Dendrochronologie. Sie macht sich die Tatsache zu Nutze, daß Bäume in unseren Breiten jedes Jahr um einen Jahresring wachsen. Durch das Auszählen der Jahresringe läßt sich also das Alter eines Baumes feststellen. Bei manchen Arten, z.B. bei Eichen, kann man sogar deutlich das im Frühjahr gewachsene sog. Frühholz vom Spätholz des Herbstes unterscheiden. Besonders wichtig für die Dendrochronologie ist jedoch die Tatsache, daß die Stärke der Jahresringe schwankt: Gute Jahre erbringen dicke Jahresringe und Jahre mit wenig Regen und Nährstoffen dünne Ringe. Diese Schwankungen um Bruchteile von Millimetern ergeben ein Muster, das bei Bäumen gleicher Art, die zur selben Zeit in der gleichen Region gewachsen sind, deutlich übereinstimmt. Das Muster läßt sich in Form einer Kurve gut darstellen. Durch Anfügen der Jahresring-Kurven älterer Bäume läßt sich diese in die Vergangenheit hinein verlängern. So wurden in Jahrzehnten für bestimmte Regionen sog. Standardkurven erarbeitet, die mittlerweile viele Jahrhunderte zurückreichen. Das Alter eines Bauholzes läßt sich nun bestimmen, indem man seine Jahresring-Kurve mit der Standardkurve der entsprechenden Region vergleicht und die Stelle findet, an der die beiden Kurvenverläufe übereinanderstimmen. Wenn die Probe auch die letzten vor dem Fällen gewachsenen Jahresringe, die sog. Waldkante, enthält, läßt sich sogar die Jahreszeit des Fälljahres feststellen. Da das Bauholz frisch verarbeitet wurde, hat man damit das nahezu exakte Datum für den Einbau des jeweils untersuchten Holzes.

Erst wenn sich die nach verschiedenen Methoden der Altersbestimmung gewonnenen Ergebnisse gegenseitig bestätigen und zusammen ein stimmiges Bild ergeben, hat man ein Gerüst aus festen Daten. Viele Spuren am Bau können zunächst nur »relativ« datiert, d.h. in ihrem Verhältnis zueinander bestimmt werden: Dieses Holz ist älter als jenes, dieser Anstrich jünger als der darunterliegende. Mit der nötigen Erfahrung kann man erkennen, daß ein Fenster vergrößert, eine Wand nachträglich eingezogen oder der Keller von einem älteren Haus übernommen worden ist. Solche Beobachtungen können dann in das bestehende Datierungsgerüst eingefügt werden, um so die Geschichte des Hauses Schritt für Schritt zu rekonstruieren.

16 Entnahme eines Bohrkerns aus einem Eichenbalken für die Bestimmung des Fälldatums (dendrochronologische Untersuchung, Fotografie 1993)

Auf gute Nachbarschaft – jede Hand wird gebraucht

Am 30. Juni 1576 war es endlich soweit: Cathrine und Henrich Lüdeking feierten im Kreise der Familie, mit ihren Angestellten und allen Bauleuten das Richtfest. Auch die vielen Nachbarn, die beim Aufrichten des Hausgerüstes und beim Ausfachen geholfen hatten, waren mit von der Partie.

Über den Sommer mußte das Haus zügig unter Dach gebracht werden. Der Rat von Weserbrück hatte schon vor 15 Jahren angeordnet, nicht das feuergefährliche Stroh, sondern harte Dachdeckungen zu verwenden. Henrich entschied sich für die besonders haltbaren Steinplatten aus dem Solling, die von Höxter auf der Weser transportiert werden konnten.

Zuvor machte er sich mit dem Leiter- und Hammerschlagsrecht vertraut und stellte sicher, daß er in der Traufgasse zum Nebenhaus ein Baugerüst aufstellen durfte. Überhaupt bemühten sich Cathrine und Henrich um ein gutes nachbarschaftliches Verhältnis, denn man war auch künftig auf die Hilfe von Frauen und Männern aus der Umgebung angewiesen. Gerade in diesem Jahr, wo der Herbst so früh einsetzte und die vielen neuen Lehmgefache noch frostfrei trocknen mußten, wurde jede Hand gebraucht, um beim Schließen der Wände rasch voranzukommen. Dennoch duldete Cathrine keine Stümperei bei der Arbeit: kritisch schaute sie den Kleibern und allen Helfern immer wieder über die Schultern...

Dach, Wände und Decken

Nachdem das Hausgerüst aufgestellt war, mußte zunächst ein Witterungsschutz für die folgenden Arbeitsschritte geschaffen werden. Bei der Auswahl des Dachdekkungsmaterials hatte der Bauherr schon vor Baubeginn mit dem Dachdecker die verfügbaren Materialien erörtert. In der Nähe von Höxter, im Solling auf der rechten Seite der Weser, gab es beispielsweise Sandstein, den man in Platten spalten konnte. Eine Dachdeckung aus diesem Material galt als besonders dauerhaft und war seit Jahrhunderten für »bessere« Bauvorhaben im Weserraum sehr beliebt. Nicht nur aus Gründen des Feuerschutzes, sondern auch wegen der bevorzugten Lage des Grundstücks am Kirchplatz erschien es dem Kaufmann das beste, sich auch für die sogenannten »Höxtersteine« zu entscheiden, zumal sie auf der Weser recht einfach herangebracht werden konnten.

Das Haus bekam ein Dachwerk mit einem »einfachen stehenden Stuhl«. Sowohl der große Sparrenabstand als auch die steile Dachneigung standen noch in der Tradition der Dachwerke für Strohdeckung. Der Zimmermann war aber sicher, das Gewicht der Sollingplatten abzufangen, wenn die Sparren zusätzlich abgestützt würden. Außerdem wurden stärkere Dachlatten als gewöhnlich verwendet. Um das Dach auszusteifen, wurden die Dachlatten über den Sparren paßgenau 1 bis 2 cm tief ausgestemmt. Dann wurden sie mit Holznägeln angeschlagen.

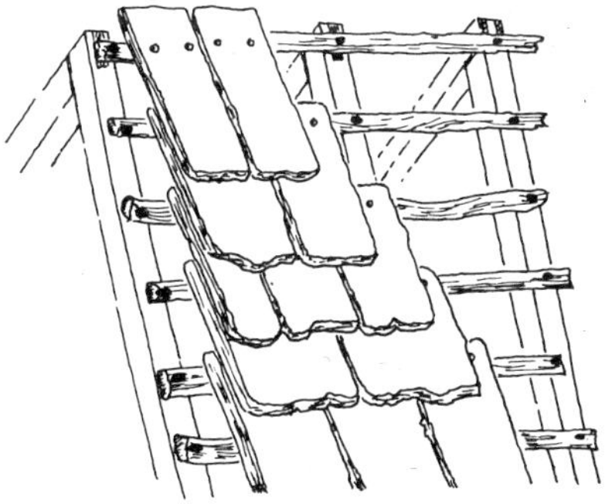

17 Dachdeckung mit Sollingplatten

18 Flechtwerk für Lehmbewurf, Weidenruten werden zwischen die eichenen Staken geflochen (Fotografie 1992)

Zur Befestigung der Höxterplatten waren vom Schmied Eisennägel angefertigt worden. Vorher wurden die Platten jedoch mit Hilfe des schon vom Zimmermann eingebauten Aufzugsrades in den Dachraum gebracht und von hier aus von den Helfern der Dachdecker nach außen gereicht. Die Platten wurden an den Rändern paßgenau nachgearbeitet und anschließend mit je zwei eisernen Nägeln überlappend an den Dachlatten befestigt.

Die Zimmerleute hatten schon direkt nach dem Aufstellen des Fachwerkgerüstes mit dem Legen der Eichendielen begonnen, um den anderen Handwerkern das Arbeiten auf festen Böden zu ermöglichen. Über dem Saal, der Saalkammer und der Kammer über der Stube waren die Dielen erst provisorisch gelegt worden, damit später noch Lehmwickeldecken eingezogen werden konnten.

Zunächst mußten die Arbeiten abgeschlossen werden, die zu besonders starken Erschütterungen der frischen Gefache geführt hätten. Die Deckenbalken über dem Dielen- und dem Obergeschoß wurden mit den gleichen breiten Eichenbohlen belegt, die auch bei der Verbretterung des rückwärtigen Giebels Verwendung finden sollten. Bevor die Kleiber mit den Ausfachungen anfangen konnten, wurden die Luken in den Gefachen der Traufwand des Obergeschosses eingesetzt. Gleichzeitig arbeiteten auch die Zimmerleute daran, die Außentüren und das Dielentor anzuschlagen. Dazu waren breite Eichendielen mit Nut und Feder aneinandergesetzt und jeweils unten und oben mit einem quer aufgenagelten Holz verbunden worden, an dem die Bänder für die Scharniere befestigt waren.

Passend zu den aufwendigen Fassadenschnitzereien wurde auch bei den Ausfachungen des Hauptgiebels zur wichtigsten Straße von Weserbrück auf den teuren Backstein Wert gelegt. Bis in die Spitze des Giebeldreiecks wurde in Zierverbänden gemauert. Die Backsteine wurden außen bündig in das Fachwerk gesetzt. Deshalb arbeiteten die Maurer vom Gerüst aus und waren nicht auf die Bohlenfußböden im Inneren angewiesen. Die Backsteine wurden so ausgewählt, daß eine möglichst glatte Seite mit einer einheitlichen Rotfärbung nach außen gewendet werden konnte. Die Gestaltung der Ziergefache war zwischen den Maurern abgesprochen worden. Sie sollte auf die symmetrische Gliederung des Giebels bezugnehmen. Der Sumpfkalkmörtel wurde möglichst dünn zwischen die Steine aufgebracht. Die Fugen zwischen den Backsteinen und den Fachwerkhölzern wurde jedoch so dünn ausgebildet, daß kaum Mörtel Platz darin hatte. Die Maurer hatten schon lange beobachtet, daß Kalkmörtel in den Anschlußfugen zu Holz meist nach wenigen Jahren wieder herausbröckelte. Der Fugenmörtel wurde außen glatt verstrichen, so daß die weißen Fugen das Muster der roten Backsteine in der Fassade klar erkennbar werden ließen.

Für alle anderen Wände war eine Holz- oder Lehmfüllung vorgesehen, da diese

19 Flechtwerk in der Dielenwand eines Stubeneinbaus. Zierenberg, Mittelstraße 39 (Fotografie 1992)

20 Bewerfen des Flechtwerks mit Lehm (Fotografie 1987)

Materialien billiger waren. Durch die Dachdeckung waren hier die Voraussetzungen für die Arbeiten der Kleiber geschaffen worden. Zunächst wurden die Traufseiten und die Rückfront bis zum Ansatz des Giebels ausgestakt: In jedem Gefach wurde in das untere Holz eine grobe Nut eingeschlagen, in das obere eine regelmäßige Reihe von Löchern. Gespaltene Eichenhölzer, die so stark sein sollten, daß sie fest und zugleich noch elastisch waren,

21 Langstroh und Lehm werden um einen Weller gewickelt (Fotografie 1991)

wurden in eine obere Vertiefung gesteckt und unter Spannung in die untere Nut eingeschoben. Diese Staken bekamen einen gleichmäßigen Abstand, so daß die Gefache aussahen, als seien sie mit Gittern gefüllt. Als nächster Arbeitsschritt wurden Birken- und Weidenruten abwechselnd vorn und hinten beginnend zwischen die Staken geflochten. Die Weidenruten waren ein- bis zweijährige Triebe der Kopfweiden. Schon im Januar und Februar waren sie geschnitten und sodann gewässert worden. Durch das Wässern waren sie sehr elastisch. Der Lehm für die Gefachfüllungen war aus einer besonders guten Lehmgrube vor den Toren der Stadt ausgewählt worden. Der Lehm wurde mit Strohhäcksel und Sand in eine Mischung gebracht, die der Erfahrung nach zugleich gute Bindeeigenschaften aufwies und beim Trocknen kaum Risse entstehen ließ. Diese Mischung wurde in Kiepen zu den jeweiligen Gefachen gebracht und von beiden Seiten mit Schwung auf die Gefache geworfen. Auf diese Weise entstand eine Verzahnung des Lehms mit dem Stroh und dem Flechtwerk. Der Bewurf wurde mit den Händen so geglättet, daß er etwas gegenüber dem Fachwerk zurückstand, um den später aufzubringenden Verputz bündig mit dem Fachwerk glattstreichen zu können. Durch das Stroh war die Oberfläche so rauh, daß der Feinputz aus Lehm sich gut mit dem Untergrund verbinden würde.

Gleichzeitig konnten auch die Decken geschlossen werden. Ein Teil der Decken war schon vom Zimmermann mit Bohlen belegt worden. Über dem Keller und über dem Saal wurden isolierende Lehmwickeldecken eingebaut. In die Deckenbalken wurden seitlich Nuten eingeschlagen, in welche man dann Eichenstaken schob, die auf einem »Wickeltisch« mit Langstroh umwickelt wurden. Da der Tisch vor dem Wickeln jeweils mit dem Lehmgemisch beworfen worden war, füllten sich die Weller während des Wickelns mit Lehm. Die fertig gerollten Weller wurden in die Nuten eingepaßt und dicht aneinandergeschoben.

Auf die Lehmweller der neuen Kellerdecke brachte man eine starke Lehmschüttung auf, damit der Keller ein gleichmäßiges Klima erhielte. Um den Saal auch nach oben abzudämmen, schütteten die Kleiber auf die Lehmweller der Decke eine kräftige Stroh-Lehm-Schicht. Danach konnten die Dielen aufgenagelt werden. Von unten wurden die Deckenbalken mit Langstroh

22 Die in eine Nut eingeschobenen Weller werden von unten mit Lehm verputzt (Fotografie 1991)

und mit gespaltenen Weidenruten benagelt und ebenso wie die Deckenfelder mit einem kräftigen Grobputz verputzt. Hierauf sollte später der Feinputz für den Preßstuck aufgebracht werden. Die Decken der Saalkammer und der Kammer über der Stube wurden auf die gleiche Weise geschlossen. Über der Stube sollten die Dekkenbalken und die Unterseite der Dielen nur gestrichen werden, damit die Wärme der Stube auch die Kammer darüber erreichen konnte.

Materialtypologie und Bearbeitungsspuren

Wie alt ist das Baumaterial? Diese Frage mag irritieren, wenn wir an anderer Stelle nach dem Alter des Gebäudes und seiner Bauteile fragen. Ist das Material nicht identisch mit den Bauteilen? Doch wenn wir erkannt haben, daß ein Haus »im Kern« 500 Jahre alt ist, muß dies angesichts der Umbauten noch nicht für alle an ihm verwendeten Baumaterialien und -teile gelten. Wenn wir das genaue Alter des Materials herausfinden, können wir zum einen bestimmte Bauteile und Umbauten genauer zeitlich erfassen und andererseits etwas über die Qualität des betreffenden Baumaterials sagen.

Das Wissen um die Qualität historischer Baustoffe ist zudem entscheidend für den heutigen Umgang mit diesen Stücken und ihrer Einsetzbarkeit im Rahmen einer Sanierung.

Immer heißt es, die Häuser in unseren Städten seien früher mit Stroh gedeckt

23 Backsteine als Zierausfachung mit Kalkmörtel von 1576 in der ehemaligen Fassade und luftgetrocknete Lehmsteine mit Lehmmörtel in schmalem Fachwerk des späten 18. Jahrhunderts für eine Innenwand im »Speicherstock«. Hess. Oldendorf, Lange Straße 60 (Fotografie 1989)

worden und erst in der Neuzeit mit festen Steinen oder Ziegeln. In einigen Weserstädten sind jedoch Sandsteinplatten als Dachdeckung bereits im 13. Jahrhundert nachgewiesen, während Stroh dagegen im ländlichen Raum noch im 19. Jahrhundert als Dachdeckungsmaterial verwendet wurde. Dachziegel gelten als 100 bis 200 Jahre haltbar. In den Städten des Weserraumes finden wir gut erhaltene Dächer mit einem Alter von 300 Jahren immer wieder.

Bestimmte Baustoffe sind nur bis zu oder ab einem Zeitpunkt verwendet worden und lassen damit eine relative Datierung zu. So diskutierte man um 1800 intensiv die Verwendung von Blei mit dem Ergebnis, daß man statt Bleiweiß zunehmend Anstriche mit Zinkweiß herstellte. Gerade im 19. Jahrhundert bemühte man sich intensiv um künstliche Ersatzmaterialien, die man gleichmäßiger und leichter produzieren wollte und die für die Entwicklung der Architektur in dieser Zeit sehr charakteristisch sind.

Die »Technologie« des Handwerks änderte sich nicht erst in den letzten hundert Jahren. Auch in den weiter zurückliegenden Zeiten gab es eine deutlich erkennbare Entwicklung. So kannte man für die Bearbeitung des Holzes schon im 12. Jahrhundert Säge und Beil, wandte sie aber anders an als in späterer Zeit. Schon die ersten erhaltenen Fachwerkhäuser Westfalens zeigen u.a. an den Außenseiten Sägespuren, die auf eine lange von zwei oder drei Männern zu bedienende, schwere Handsäge schließen lassen. Im 18. und 19. Jahrhundert nutzte man oft bereits Sägegatter. Vereinzelt findet man auch bebeilte Hölzer, die sich durch eine leicht wellige Oberfläche von den Sägespuren deutlich unterscheiden. Finden wir an einer Wand nebeneinander unterschiedliche Bearbeitungsspuren, kann man fast immer auf unterschiedliche Baualter, also auf Umbauten schließen. Vergleichbare Bearbeitungsspuren zeigen die Steine, insbesondere Steinquader, aber auch Backsteine, und hier lassen Unterschiede ebenso auf verschiedene Entstehungszeiten schließen. Je sorgfältiger die Forschung gearbeitet hat, umso besser ist für einzelne Regionen zu erkennen, welche Werkzeuge man zu welcher Zeit bevorzugt hat, so daß sich dadurch gewisse Datierungshilfen für das Bauwerk ergeben.

Wie's drinnen aussieht – Kann sich sehen lassen!

In der Diele wollte man nicht mehr einen preiswerten Lehmboden, sondern entschied sich für die schönen strapazierfähigen Sandsteinplatten. Ein solcher Belag war ebenfalls »pflegeleicht«, aber viel haltbarer als Lehm und zeigte, daß Henrich zur wohlhabenden Schicht der Städter gehörte. Ansonsten wurden die Zimmerleute tätig. Über dem Saal und den Kammern nagelten sie die provisorisch verlegten Dielen nun endgültig auf. Nur im Saal, im hinteren Teil des Hauses, sollte der Gipsgießer einen Estrich aus Gips aufbringen.

Ganz wichtig war für Henrich, daß Licht ins Haus kam, doch so einfach war dies nicht. Nicht nur, daß Glas aus den Hütten bei Höxter recht teuer war – es gab auch rechtliche Probleme: Aus seiner Arbeit als Richter kannte Henrich nur zu gut die nachbarschaftlichen Streitigkeiten wegen neuer und zu großer Fenster. Die Stube sollte jedoch auf jeden Fall ein großes Fenster zur Straße hin bekommen und insgesamt einen würdigen Eindruck machen. Seit zwei Jahren war Henrich nämlich »Bauermeister« und hatte neben den geschäftlichen Dingen auch noch städtische Angelegenheiten mit Ratsherren und Bürgern zu bereden, gleichsam »Politik« zu machen. Hierzu bedurfte es eines repräsentativen Rahmens. Cathrine hatte angeregt, auch den Saal mit einer modernen Fußboden- und Deckengestaltung ausstatten zu lassen und nahm sich vor, ihn sich und der engeren Familie vorzubehalten. Solange Cathrine den vor drei Monaten geborenen Johann noch stillen würde, sollte er bei den Eltern in der Saalkammer schlafen, in der auch das wertvolle Leinen und die wichtigsten Urkunden aufbewahrt werden würden.

Der Innenausbau

Für den Fortgang der Bauarbeiten war es sehr wichtig, die einzelnen Arbeitsschritte aufeinander abzustimmen. Denn nun standen mehrere Vorarbeiten außerhalb der Baustelle an. Es mußten bestimmte Einbauteile in Auftrag gegeben, vorgefertigt und zum richtigen Zeitpunkt eingebaut werden.

In Absprache mit dem Bauherrn bestimmte der Zimmermeister, derjenige Handwerksmeister, der von Anfang bis Ende durchgehend am Bau beschäftigt war, wann welche Arbeiten auf der Baustelle ausgeführt werden sollten.

Am fertig aufgerichteten Holzgerüst waren die Maße für Türen und Fenster ge-

Betrachtung zweyer Stücke täglicher Tischer-Arbeit: Nemlich der Wiege/ und des Sargs/ derer die Menschen beym Ein- und Ausgang dieses Lebens benöthiget.

24 Tischlerwerkstatt, Holzschnitt, Ende 16. Jahrhundert

nommen worden. Diese wurden nun in den Werkstätten von Schreiner und Glaser gebaut, während der Bau unter Dach und Fach kam. Die Zimmerleute hatten noch genug damit zu tun, die letzten Dielenböden zu legen, die Treppe zu bauen, die Bohlenwand zwischen Saal und Saalkammer zu schließen sowie den Rückgiebel zu verbrettern. Schreiner und Zimmerleute waren schon vor einigen Jahrzehnten – auch auf Druck der Obrigkeit hin – übereingekommen, ihre Arbeitsbereiche zu trennen. Die Zimmerleute sollten alle Holzarbeiten am Bau ausführen dürfen, mit Ausnahme der geleimten Arbeiten auf Rahmen und Füllung sowie der Furnier- und Drechslerarbeiten. Diese sollten, wie auch der gesamte Möbelbau, Aufgabe der Schreiner sein, denn einen Drechsler gab es nicht in Weserbrück. Der Glaser fertigte auch die Holzrahmen der Fenster an, da die Zunftordnung ihm dies nicht verbot. Der Schreiner konnte damit einverstanden sein, da er schon den Auftrag für alle Innentüren erhalten hatte. Zudem sollte er auch einige Möbel für das neue Haus bauen. Der Glaser fertigte zunächst die Holzrahmen an, setzte sie aber noch nicht endgültig zusammen. Die eisernen Hängen für die hölzernen Klappen schlug er jedoch schon jetzt ein. Er bezog regelmäßig Rohglas aus einer Waldglashütte im Ith. Die Scheiben hatte ein Hamelner Händler über die Weser angeliefert. Aus den Glastafeln schnitt der Glaser kleine Rauten und Rechtecke, die er mit Bleiruten nach dem Maß der Rahmen zu Fensterscheiben zusammensetzte und verlötete. Die fertigen Scheiben wurden in die Nuten der Rahmen geschoben, welche nun fest zusammengefügt werden konnten. Sobald die Windeisen (schmale Eisenbänder zur Sicherung der Verglasung gegen Winddruck) aufgenagelt und mit kleinen Laschen an die Bleiruten befestigt worden waren, konnten die Fenster eingebaut werden. Die Rahmen wurden fest in das Fachwerk eingesetzt und waren nicht zu öffnen. Zum Lüften sollten die darunter befindlichen Holzklappen dienen.

Ein wichtiger Handwerker im »Hintergrund« war der Kleinschmied. Er fertigte alle Eisenteile an, wie Tür- und Fensterbeschläge, dazu noch unzählige Nägel in verschiedenen Größen, da es in der kleinen Stadt Weserbrück keinen spezialisierten Nagelschmied gab. Bei Reparaturarbeiten war der Kleinschmied häufig auch selber am Bau tätig, bei Neubauten beschränkte

25 »Der Glaser« aus dem »Orbis pictus« des Johann Amos Comenius von 1658 (Reproduktion)

26 Eintreiben eines Holznagels in die Eckverbindung von Fensterrahmenhölzern (Fotografie 1987)

27 Einschlagen eines Stützklobens (Fotografie 1987)

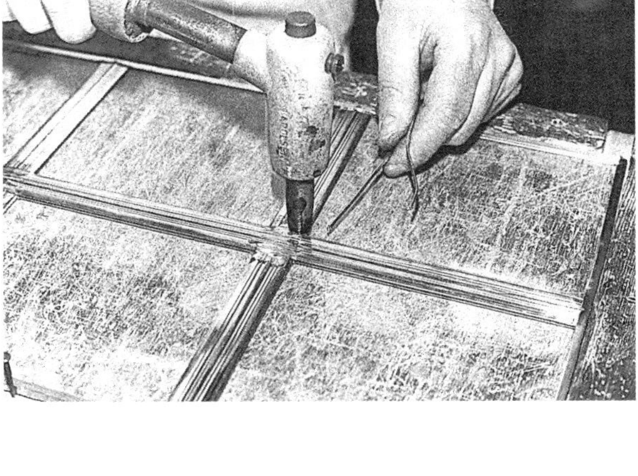

28 Löten der Bleisprossenkreuze durch den Glaser (Fotografie 1987)

29 Einsetzen eines Glasfeldes in die Glasnut (Fotografie 1987)

sich seine Funktion jedoch meist auf die des Zulieferers. Die etwas komplizierter konstruierten Tür- und Möbelschlösser allerdings bestellte der Schreiner bei einem Schlosser in Oldendorf, der für seine gute Arbeit weithin bekannt war. Der Bauherr hatte für die Schreinerarbeiten einiges an geschnittenem Holz gekauft. Die Eichenbohlen waren als Brettfloß aus dem Hessischen die Weser abwärts gekommen und eigentlich für den Schiffsbau in Bremen bestimmt gewesen. Das Floß war jedoch oberhalb Weserbrücks gegen einen unter der Wasseroberfläche liegenden Stein getrieben worden und geborsten. Von dem Rest hatte der Bauherr günstig eine gute Partie erwerben können.

Aus den Bohlen wurden nun die Rahmenteile für die Türen gesägt und mit dem Hobel geglättet. Nach dem Anreißen wurden die Verbindungsstellen so gesägt und gestemmt, daß die waagerechten in die senkrechten Rahmenteile eingeschoben werden konnten. Anschließend versah der Schreiner die Rahmenteile mit Nuten, in welche die schon vorbereiteten Füllungen eingesetzt wurden. Die Holzverbindungen des Rahmens wurden mit Holznägeln gesichert, die Füllungen dagegen nur lose eingeschoben, damit sie später »arbeiten« konnten, ohne zu reißen. An der Außenseite lagen die Füllungen bündig mit den Rahmenteilen, an der Seite zum Raum hin vertieft.

Hier leimte der Schreiner eine flache geschnitzte Bogenarchitektur auf. So aufwendig wurde jedoch nur die Tür zum Saal gestaltet, bei den übrigen Türen wurden nur gehobelte Profilleisten aufgelegt und auch die Türfutter schlichter profiliert.

Unterdessen wurden im Haus die verschiedenen Böden endgültig eingebracht. Die beiden Stubenböden wurden mit Dielen belegt. Für die untere Stube wurden die Dielen besonders sorgsam ausgewählt und an den Kanten mit Nuten versehen, in die die sog. Federn eingeschoben wurden.

In der Diele und im Küchenbereich wurden auf einem Sandbett große Sandsteinplatten verlegt, die zusammen mit den Platten für die Dachdeckung geliefert worden waren. Der schmale Durchgang zur Hintertür wurde mit alten Backsteinen gepflastert. Diese Steinböden, wie auch der Kellerboden, ein Lesesteinpflaster aus in Lehm gesetzten großen Kieselsteinen, wurden von den Maurern gelegt.

Der Saal sollte einen besonders edlen, dichten und glatten Fußboden erhalten. Dazu mußte zunächst eine kräftige Sandschicht aufgebracht werden, um darauf einen Estrich gießen zu können. Er bestand aus Gips mit ein wenig Ziegelsplitter, Sand und Holzkohle. Das Beschaffen, Brennen und Einbringen des Gipses war Sache der dafür spezialisierten Gipsgießer. Der Saalfußboden mußte allerdings noch etwas warten, da der Gipsgießer aus einer weiter entfernten Stadt kam und zur Zeit noch auf einer anderen Baustelle beschäftigt war.

30 Renaissancetür mit Arkadenmotiv in der oberen Füllung. Blomberg, Langer Steinweg 20, aus dem Saalbau von 1662 d (Fotografie 1988)

Nutzungsspuren – Spuren des Lebens im Haus

31 Unter dem hochgesetzten Riegel sind zwei Öffnungen eines Hinterladerofens (um 1580) zu erkennen. Die untere diente der Beschickung mit Glut aus dem Herdfeuer, die kleinere darüber dem Rauchabzug wie die Verrußungen an der Wand belegen. Über dem Riegel ist die Öffnung für ein jüngeres Ofenrohr sichtbar. Höxter, Papenstraße 2 (Fotografie 1986)

Neben den Spuren älterer Bauzustände sind es vor allem die Spuren der Benutzung eines Hauses, die nähere Einblicke in das Leben seiner Bewohner geben. Ausgetretene Treppenstufen, abgegriffene Türrahmen oder Abnutzungen an Fußböden verraten die »Hauptverkehrswege« im Haus. Fußböden lassen manchmal auch den früheren Standort von schweren Möbeln, Wäschemangeln oder Webstühlen erkennen. Altes Sägemehl und kleine Hobelspäne, durch die Ritzen unter die Dielen gefallen, zeigen, daß ein Raum als Holzwerkstatt genutzt wurde. Verrußungen können Anzeichen für eine Ofenstelle oder eine Räucherkammer sein. Kleine Löcher in der Wand und Unterschiede in der Verschmutzung eines Anstriches sind Anzeichen für Bilder, Spiegel oder kleine Schränke, die an der Wand hingen.

Viele dieser Spuren überlagern sich, sind später ausgebessert oder überstrichen worden und deshalb meist schwer zu erkennen. Oft werden sie auch nicht wahrgenommen, weil sie so alltäglich sind wie die Scheuerspuren an der Fußleiste. Aber kaum etwas macht die Geschichte eines Hauses so lebendig wie etwa ein nicht mehr zu öffnendes Fenster, das vollständig verkittet wurde, weil der Mensch, der dahinter saß, fror und sich vor Zugluft schützen wollte.

Hinweise auf die Ernährungsgewohnheiten früherer Bewohner kann die Paläoethnobotanik durch die Bestimmung pflanzlicher Überreste aus archäologischen Fundzusammenhängen liefern. Aus der Analyse des Inhaltes von Abortgruben können Rückschlüsse auf den Speisezettel früherer Bewohner gezogen werden. Größere Mengen von Textilfasern, in versteckten Ritzen gefunden, können darauf hindeuten, daß in einem Raum gewebt wurde.

Alle Beobachtungen und Analyseergebnisse zusammen lassen allmählich ein klareres Bild des Lebens in einem Haus zu verschiedenen Zeiten entstehen.

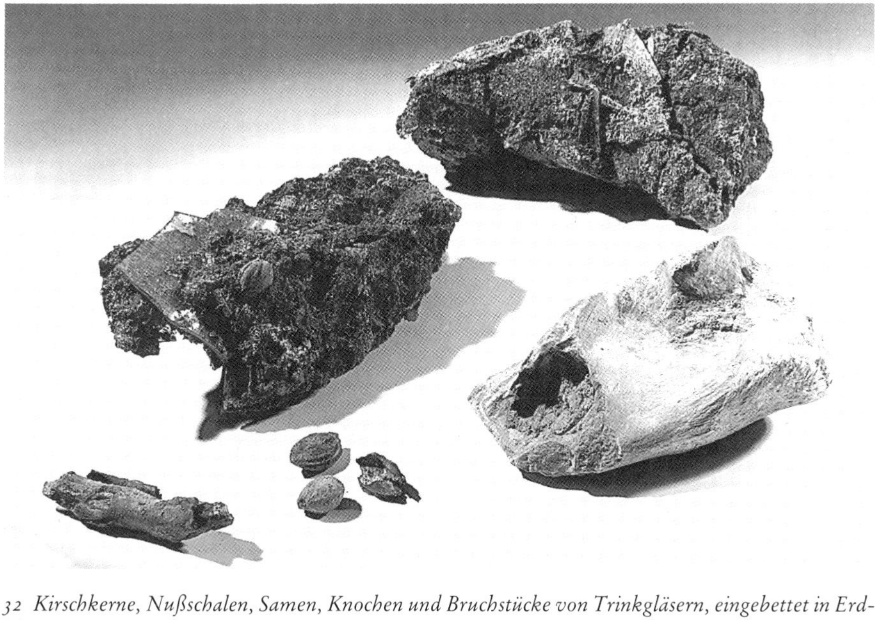

32 Kirschkerne, Nußschalen, Samen, Knochen und Bruchstücke von Trinkgläsern, eingebettet in Erdklumpen aus einer Abortgrube. Lemgo, Kramerstaße 4 (Fotografie 1993)

Ein wenig Farbe darf es schon sein

Noch etwas diente dem Komfort des Hauses: Den Saal sollte ein eiserner Ofen mit künstlerisch verzierten Platten beheizen. Die Stube erhielt ihre Wärme durch einen der bewährten Kachelöfen. Er war zwar nicht so aufwendig verziert wie der im Rathaus, doch trugen die Kacheln Darstellungen aus dem alten Testament. Die Wärme der Stube drang in die darüberliegende Kammer, die sich Cathrine und Henrich als Wohnung für das Alter ausersehen hatten; auch der freistehende Küchenkamin sorgte ganzjährig für wohlige Wärme im Altenteil.

Hell und freundlich sollte es in ihrem Haus sein, aber durchaus vornehm. Nicht nur das Äußere des Hauses, sondern auch die Diele, die Stube und besonders der Saal sollten zeigen, daß der Name Lüdeking einen guten Klang hatte in Weserbrück. Von einem Besuch bei Dietmar von Wulffen auf dessen Stadthof am Ostertor kannte Henrich die neuen, feinen Stuckdecken, und wieso eigentlich sollte eine so wirkungsvolle Ausstattung allein dem Adel vorbehalten sein...?

Anstrich und Öfen

Nachdem der Gipsestrichfußboden des Saales fertiggestellt war, fehlten dem Haus zur Bezugsfertigkeit nur noch die Öfen, der Wandverputz und die Anstriche. Die Verputzarbeiten übernahm der Tüncher mit seinen Gesellen, die manchmal auch Maurerarbeiten ausführten. Die Arbeit sollte Raum für Raum und zügig vonstatten gehen, da der Kalkfarbenanstrich auf frischem Kalkputz besser haften würde.

Im Keller wurde nicht viel Aufhebens gemacht, die rohe Wand – lediglich der Mauermörtel war über die Steine ausgezogen worden – war schnell gekalkt. Bei der Diele und der Kammer über der Stube war schon mehr Sorgfalt angebracht. Stube und Saal mußten noch warten, bis die hier vorgesehenen Öfen gesetzt waren, die mit eingeputzt werden sollten. Die letzte feine Lehmputzschicht der Dielengefache war bereits fest geworden, aber noch nicht zu trocken. Darauf kam nun ein dünner Putz aus eingesumpftem Kalk, feinem Sand und einem guten Quantum Kälberhaaren, die dem Putz mehr Elastizität gaben. Sobald dieser Putz eben angezogen hatte, wurde er zweimal mit Kalk gestrichen.

33 »Der Tüncher«, Ständebuch von Christoff Weigel, Nürnberg 1698, Kupferstich

Die Wandhölzer sollten in allen Räumen farbig abgesetzt werden, und zwar grau, etwas dunkler in der Diele, etwas heller in der Stube. Grau war preiswert, da das Pigment meist nur aus pulverisierter Holzkohle bestand. Das Pigment, der Holzkohlenstaub, wurde zunächst in etwas Wasser eingesumpft. Ein Schluck Branntwein, nicht für den Maler, sondern zum Pigment gegeben, erleichterte das Einsumpfen. Als Bindemittel für den Anstrich der Balken war der reine Sumpfkalk nicht so gut geeignet, denn anders als auf den feuchten Gefachen würde er auf dem Holz schlecht abbinden. Außerdem konnte man gar nicht genug Pigment hineingeben, um aus dem weißen Kalk eine dunkle Farbe zu machen. Deshalb stellte der Tüncher für den Anstrich der Holzteile einen Kalkkaseinleim als Bindemittel her. Dazu rührte er gut ausgepreßten Quark mit etwas Sumpfkalk an, bis der Quark geleeartig und durchsichtig wurde. Diese glibberige Masse, einmal getrocknet ein äußerst kräftiger und wasserfester Leim, verdünnte er mit reichlich Wasser. Damit hatte er das Bindemittel für eine feste Farbe, die auch auf Holz hielt. Er mußte nun noch soviel eingesumpftes

34 Wandanstrich mit Begleitstreifen auf den Innenwänden eines Flures im ausgebauten Dachwerk. Hess. Oldendorf, Münchhausenhof um 1582-1585 (Fotografie 1992)

Schwarzpigment und Kalk zugeben, bis die Farbe deckend und der richtige Grauton erreicht war. Der Anstrich der Fachwerkhölzer wurde großzügig auch auf die Gefache ausgezogen, so daß erstere gerader und breiter erschienen, als sie tatsächlich waren. Dann wurde ein schmaler schwarzer Strich um die Gefachflächen gezogen und im Abstand dazu dünne schwarze Begleitstriche, die sich an den Enden überkreuzten.

Inzwischen wurden in der unteren Stube und im Saal die Öfen gesetzt. Der Küchenkamin, der auch die vom Küchenbereich nicht abgetrennte Diele mitbeheizte, stand schon. Die Fachwerkrückwand der Stube war dafür mit Lehmsteinen abgemauert worden. Zuvor hatte man aus Backsteinen einen ebenerdigen Herdplatz geschaffen und darüber aus einer Balkenkonstruktion mit Lehmflechtwerk einen Rauchfang abgehängt. Über dem Rauchfang leitete ein aus Backsteinen gemauerter Schornstein den Rauch in den Speicherstock, von wo aus er durch das Dach abziehen konnte. Für den Kachelofen der Stube suchte sich der Hausherr beim Töpfer, der auch den Ofen setzen sollte und eine Reihe von Kachelmodeln vorrätig hatte, die Bildmotive der Kacheln aus.

Der an die Stubenrückwand gesetzte Kachelofen wurde durch eine Öffnung in der

35 Unter den von dem Töpfer hergestellten Gegenständen ist in der Mitte rechts auch eine Kachel zu sehen, sowie ein Kachelofen im Hintergrund. »Der Döpfer«, Holzschnitt aus dem »Orbis Pictus« von Johann Amos Comenius, 1658

Rückwand des Küchenkamins befeuert. So konnte eine Belästigung durch Asche und Rauch in der Stube vermieden werden. Der Ofen wurde auf einem Bett aus Backsteinen direkt auf dem Erdboden gegründet – man hatte die entsprechende Fläche bei den Dielen ausgespart – und mit Lehm aufgemauert.

Auch der große Eisenplattenofen – teurer aber auch repräsentativer als ein Kachelofen – sollte von »hinten«, in diesem Fall von der Treppe zum Obergeschoß aus, beheizt werden. Der Rauch zog so durch die Dielen des Speicherstocks ab.

Da die gegossenen Eisenplatten größer waren als Kacheln, fand sich hier viel Platz für umfangreiche Darstellungen. In der Regel hatten ausgebildete Künstler, die für die Eisenhütten arbeiteten, diese entworfen. Die Ofenplatten stammten aus einer hessischen Eisenhütte und waren von einem Mündener Händler per Weserschiff angeliefert worden. Gesetzt wurde der Eisenofen ebenfalls vom Töpfer, der sich auf den Ofenbau verstand. Die Schraubenverbindungen für die Eisenplatten lieferte der Kleinschmied.

Der Ofen mußte auf einen Sockel oder auf Füße gestellt werden. Der Hausherr bestellte dafür beim Steinmetz zwei Sokkelplatten aus Sandstein, wovon die vordere das Hauswappen der Familie und die Jahreszahl des Einzuges 1576 tragen sollte. Der fertig zusammengesetzte Eisenplattenofen wurde von innen mit Lehm verstrichen, damit der Rauch nicht in den Saal dringen konnte.

Nachdem die Öfen gesetzt und eingeputzt waren, konnte der Anstrich von Stube und Saal in Angriff genommen werden. Die Wandhölzer in der Stube wurden hellgrau gestrichen, die weißen Gefache mit schwarzem Rand und zwei Begleitstrichen eingefaßt. Diese Begleitornamentik wurde freihändig gemalt, unterstützt durch einen Malstock, eine Leiste als Auflage für die Hand, und mit besonders zügig angemischter, gut aus dem Pinsel laufender Farbe. Die Stubendecke wurde weiß gestrichen und die Felder zwischen den Balken mit dünnen schwarzen Blattranken verziert. Im Saal waren die Decke und die Wände recht frühzeitig verputzt worden, weil der Gipsgießer eine Preßstuckverzierung an den Deckenbalken ausführen sollte. Er verfügte über einige geschnitzte hölzerne Modeln, die in den noch feuchten Balkenputz eingepreßt wurden, so daß die

36 Preßstuck an der Decke des rückwärtigen Saalbaus, teilweise freigelegt. Höxter, Westerbachstraße 35, Saalbau, 1. Obergeschoß (Fotografie 1986)

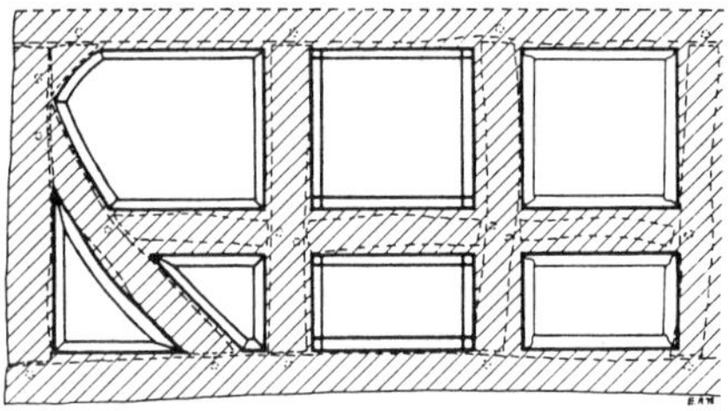

37 Struktur und Varianten der Begleitfarbigkeit; optische Verbreiterung des Holzes und verschiedene Eckgestaltungen

Balkenunterseiten ein Reliefmuster erhielten. Solcher Preßstuck stellte eine sehr vornehme Dekoration dar, aber für den Saal sollte es nur das Beste sein. Nachdem der Preßstuck fertig war, wurden Decke und Wandgefache gekälkt. Eine zarte schwarze Rankenmalerei rund um die Fenster, den eingeputzten Eisenofen und auf der Bohlenwand der Saalkammer vervollständigte das festliche Bild des neuen Saales. Noch während der Saal gestrichen wurde, war die Familie bereits eingezogen und die ersten Waren hatte man aus vorübergehenden Lagern in den Speicherstock gebracht.

Mit dem Außenanstrich wartete man, bis die Lehmgefache weitgehend ausgetrocknet waren. Sie wurden nun oberflächlich noch einmal etwas angefeuchtet und erhielten den gleichen feinen Kalkputz wie die Gefache im Hausinnern, der gleichermaßen leicht über die Balken gezogen wurde. Alle Gefache wurden mit Kalkfarbe weiß gestrichen. Die Backsteinausfachungen an der Straßenfassade blieben jedoch ebenso ungestrichen wie die Gefache im schmalen Traufengang zum Nachbarhaus, diese wurden nicht einmal verputzt. Das Holzwerk sollte rot werden. Das Pigment dafür, roten Eisenstein, hatte der Maler von einem fahrenden Händler aus dem Sächsischen verhältnismäßig günstig erworben. Das Zerkleinern der Erdfarbenbrocken war natürlich wesentlich aufwendiger, als das Pulverisieren der Holzkohle. Der Lehrling mußte tagelang Brocken zertrümmern, sieben, mahlen und waschen, bis genug Farbpulver für den Anstrich des Hauses zubereitet war.

Die mit Kaseinbindemittel angemischte rote Farbe wurde sodann auf alle Holzteile des Fachwerks, auch auf die beschnitzten, gestrichen; wie üblich wurden die Balken etwas breiter gemalt als sie waren. Die weißen Gefache erhielten Rahmen aus doppelten schwarzen Begleitstrichen.

Nun blieben noch die Fensterrahmen, die bisher nur mit Leinöl eingelassen waren. Für ihren Anstrich und den der Türen hatte der Bauherr bereits vor einiger Zeit von einer Handelsreise einige Pfund Kupfergrün mitgebracht. Das Pigment war wesentlich teurer als die rote Erdfarbe oder gar das Holzkohlenschwarz, denn seine Herstellung war mühselig. Nicht weniger anstrengend war es, das Grünspangrün mit Leinöl zu einer gleichmäßigen gut zu streichenden Farbe anzureiben. Die Fensterrahmen, einschließlich der Holzklappen, wurden einheitlich grün gestrichen. Bei den Türen, die ihren Anstrich bereits erhalten hatten, bevor man an die Außenwände ging, waren die Profile mit etwas Rot und Schwarz abgesetzt worden.

»Stratigraphie« und relative Chronologie

Stratigraphische Untersuchungen befassen sich mit Schichten, entweder bei archäologischen Grabungen mit Bodenschichten oder im Rahmen der Bauforschung mit den Schichten der Oberfläche verschiedener Bauteile. Das können z.B. die verschiedenen Anstriche einer Tür sein, der Aufbau eines Fußbodens oder Farb- und Tapetenschichten auf einer Wand. Bei der Untersuchung einer Wand werden meist an mehreren Stellen kleine sog. Fenster mit dem Skalpell geöffnet, so daß von jeder Schicht eine kleine Fläche stehen bleibt. Am Ende kann man so Ausschnitte aller Schichten, von der jüngsten Tapete bis zum Baumaterial der Wand nebeneinander sehen. Häufig werden auch kleine Schichtpakete als Proben aus der Wand herausgeschnitten, um ihren Aufbau unter dem Mikroskop näher betrachten zu können. Nach einer solchen ersten Untersuchung können unter Umständen größere Flächen einzelner Schichten freigelegt werden, wenn man mehr über das Muster einer Tapete oder einer gemalten Dekoration wissen will.

Stratigraphische Untersuchungen können auch Erkenntnisse über Handwerkstechniken liefern, etwa welcher Putz auf welchem Untergrund aufgetragen oder wie ein mehrfarbiger Anstrich aufgebaut wurde. Zunächst jedoch ermöglichen stratigraphische »Fenster« einen Blick zurück in die Geschichte, denn jede gefundene Schicht muß älter sein als die darüberliegende. Sind es einerseits nur Stunden oder Tage, die zwischen Grund- und Deckanstrich vergangen sind, so können auf der anderen Seite Jahrhunderte zwischen einer Rauhfasertapete und dem ältesten Kalkanstrich einer Wand liegen.

So liefert die Stratigraphie eine relative Chronologie – relativ deshalb, weil man nur sehen kann, daß eine Schicht älter oder jünger ist als eine andere, aber nicht weiß, wie alt genau. Eine solche Chronologie muß nicht immer vollständig sein, denn unter Umständen können einzelne Schichten verlorengegangen sein, z.B. durch Abreißen von Tapeten oder Abwaschen von Leimfarbenanstrichen.

Mit Hilfe der verschiedenen Datierungsmethoden kann es gelingen, wenigstens einige der erhaltenen Schichten genauer zu datieren und so die relative Chronologie in die absolute Chronologie eines Gebäudes einzupassen. Mitunter trifft man auf Zeitungspapier, das als Makulatur Verwendung fand und wegen des darauf gedruckten Datums eine weitgehend präzise Datierung ermöglicht. Besonders hilfreich können naturwissenschaftliche Untersuchungen der Farbzusammensetzungen sein. Durch Pigment- und Bindemittelanalysen ist zu erfahren, aus welchen Komponenten ein Anstrich angemischt wurde. Einzelne Pigmente liefern auch Datierungshilfen, so z.B. das synthetische Ultramarin, das erst nach 1836 auf den Markt kam und deshalb nicht vorher verstrichen worden sein kann. Entsprechendes gilt für die Zusammensetzung von Mörteln und Putzen. Auch hier könnte z.B. die Verwendung von Portlandzement zeigen, daß ein Putz kaum älter als 100 Jahre sein dürfte.

Harte Zeiten – neue Wege werden gesucht

Wir schreiben das Jahr 1709. Die Zeiten hatten sich gründlich gewandelt, das Leben in Weserbrück war hart geworden, auch für die Wohlhabenderen unter den Bürgern. Zwar lag der Große Krieg mehr als ein halbes Jahrhundert zurück, doch hatten sich die Stadt und ihre Einwohner noch längst nicht von seinen Folgen erholt. Der Enkel des Bauherrn Henrich Lüdeking war noch im Wohlstand aufgewachsen, hatte die Handelsfirma aber mitten in den Wirren des Krieges übernommen und nicht halten können. Das Haus mußte mehrfach verpfändet und schließlich verkauft werden. Was einst die Blüte der Stadt bewirkt hatte, die florierende Wirtschaft, lag jetzt hoffnungslos darnieder, der Verkehr auf der Weser hatte stark abgenommen, die großen Handelsströme liefen nun in anderen Bahnen. In der Stadt nahm die Zahl der Armen zu, wer sein Glück machen wollte, wanderte fort, so daß ehedem wichtige Handwerke wie das der Goldschmiede und Böttcher nicht mehr vertreten waren. Viele der Häuser standen verlassen da, geplündert, der schützenden Dachhülle beraubt. Es grassierten immer wieder ansteckende und todbringende Krankheiten. Im Jahr der großen Weserüberschwemmung, 1705, hatte die Rintelner Amtsverwaltung des neuen hessischen Landesherrn auch noch die Kriegssteuer verdoppelt.

Der Neubürger Johann Schloet hatte die Hausbesitzer mehrfach mit größeren Geldsummen gestützt, dafür freilich gewisse Sicherheiten beansprucht; als zu Martini des Jahres 1708 die fälligen Zinsen ausblieben, fiel das Eigentum von Haus und Grundstück rechtskräftig an ihn. Seit zwei Jahren betätigte er sich neben seinen Handelsgeschäften als Branntweinbrenner und beabsichtigte, dieses gefragte Getränk auch »über die Straße« zu verkaufen. Nachdem im Winter 1708/09 starker Eisgang seine weitreichenden Umbaupläne noch vereitelt hatte, begann er im Frühjahr mit den für die schweren Zeiten äußerst spektakulären Umgestaltungsmaßnahmen...

Erste Bauschäden und eine neue Utlucht

Bereits im Jahre 1618 hatte es eine wichtige und notwendige bauliche Änderung am Gebäude gegeben. Damals stellte man fest, daß die Dachdeckung mit Sollingplatten zu schwer für die eichenen Dachlatten war. Sie hatten sich erheblich durchgebogen, da die Sparren zu weit voneinander entfernt standen. Als Folge davon hatten sich einige Platten gelöst. Um weitere Schäden zu verhindern, begann man mit der Reparatur des Daches.

Die Handwerker zogen die Konsequenzen aus den Mißständen und errichten Zwischensparren aus Eichenholz. Zusammen mit vornehmlich neuen Dachlatten konnten diese das Gewicht der wiederverwendeten Sollingplatten besser auffangen.

Bei diesen Arbeiten wurde nicht das komplette Dach abgenommen, vielmehr wurde es »umgedeckt«. Die Dachdecker und Zimmerleute entfernten zunächst die Sollingplatten zwischen den ersten Sparrenpaaren und lagerten sie auf dem Dach-

38 Diele mit einer Treppe aus der Zeit um 1700. Lemgo, Papenstraße 24 (Fotografie 1959)

39 Vertikales Schiebefenster aus der 1. Hälfte des 18. Jahrhunderts mit originalen Bleiruten und originaler Verglasung im oberen Flügel. Blomberg, Langer Steinweg 23, Saalbau, linke Traufwand (Fotografie 1993)

boden. Dann befestigte man die Zwischensparren und Dachlatten zwischen dem ersten und zweiten Gebinde. Indem man nunmehr die Sollingplatten von hinten nach vorn umdeckte, begann man sich allmählich durchzuarbeiten. So konnte die gesamte Dachfläche umgedeckt werden, lediglich einige Platten mußten ersetzt werden.

Im Jahre 1709 war der neue Besitzer vermögend genug, um das Gebäude seinem Anspruch an Repräsentation und Wohnkomfort gemäß umgestalten zu lassen. Weil er sich neben dem Handelsgeschäft auch als Branntweinbrenner betätigte, wurden in der straßenseitigen Stube Verkaufsraum und Kontor eingerichtet. Damit stand auch die Veränderung und Modernisierung der Utlucht in Zusammenhang. Sie sollte höher und breiter werden als die alte. Moderne großformatige Schiebefenster mit Bleisprossen waren geeignet ihr obendrein ein prächtiges Äußeres zu verleihen. Im Gegensatz zur alten Utlucht bestand die neue aus einzeln abgezimmerten Stockwerken. Indem man das obere Stockwerk und den Giebel versetzt, also in den Straßenraum hineinragend, auf das untere aufsetzte, wurden der Raum etwas größer als im darunterliegenden Stockwerk. Damit erhielt auch die Altenteilerwohnung etwas mehr Platz. In der Höhe ragte die Utlucht nun bis in das Giebeldreieck der Fassade hinein, in der Breite reichte sie bis an das ebenfalls erneuerte Dielentor. Dabei wurde ein Teil des »altmodischen« Fassadenschmucks abgedeckt.

Im straßenseitigen Kontor wurden die Deckenbalken und die darüberliegenden

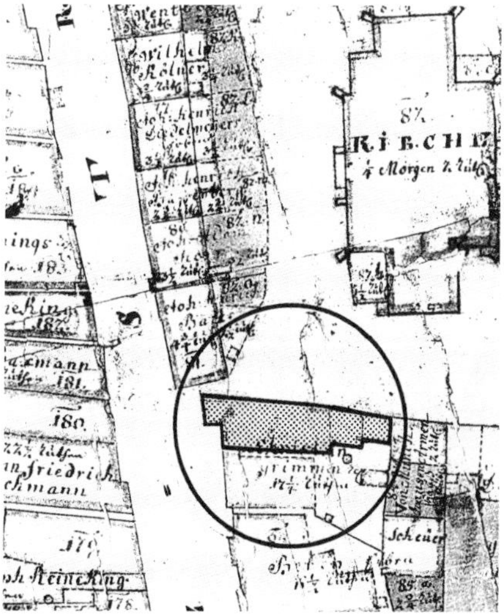

40 Weserbrück, Ausschnitt aus einem Stadtplan von 1749

41 Zwei vertikale Schiebefenster im Obergeschoß. Detmold-Heiligenkirchen, Am Krugplatz, sogenannter Wendtscher Hof von 1696 i (Fotografie um 1880)

Dielenbretter von unten verputzt und anschließend weiß gestrichen. Der alte Kachelofen, der in diesem Raum seit über 100 Jahren stand und nicht mehr voll funktionsfähig war, wurde gegen einen eisernen Ofen ausgetauscht, der obendrein besser heizte.

Im hinter dem Haus liegenden Hof war der alte Stall wegen Baufälligkeit abgerissen worden. Da man daran interessiert war, mehr Wohnraum zu erhalten, erhielt das Gebäude einen Anbau in den Hof hinein. Die neuen Räume im Erdgeschoß waren aber nur vom Hof aus zu betreten. In der kleinen vor der Hausrückwand gelegenen Kammer bestand die Möglichkeit zur Lagerung von Viehfutter. Der vordere große Raum diente als Stall. Hier war aber auch der Abort untergebracht, d.h. man mußte nun nicht mehr den ganzen Hof bis zum ehemaligen Stall überqueren. In die beiden zusätzlichen Räume im Obergeschoß konnte man durch den Saal gelangen. Der hintere wurde als Schlafkammer für die älteren Kinder des Hausherrn eingerichtet, der vordere diente ihren Eltern und kleineren Geschwistern als Schlafraum. Im Saal war der Estrichfußboden an vielen Stellen abgetreten oder zerbrochen. Hier wurden nun neue Balken auf die Kellermauern und darauf ein Fußboden aus Eichendielen gelegt. Da der Saal die Funktion der Stube übernehmen würde, sollte er auch neue und größere Fenster erhalten. Dazu mußte das Fachwerkgerüst der Außenwand durchgreifend verändert werden. Die Zimmerleute stellten die neuen Ständer so auf, daß abwechselnd kleinere und größere Gefache entstanden. So gewann man Platz für die auch in die Utlucht eingebauten praktischen Schiebefenster, die besonders in den Niederlanden sehr verbreitet waren.

Konstruktive Veränderungen

42 Bei einem Umbau von 1790 in »Zweitverwendung« eingebauter Fassadenständer des frühen 17. Jahrhunderts. Detmold, Lange Straße 55 (1610 d/1625 d, Fotografie 1991)

Häufig scheinen alte Gebäude auf den ersten Blick ganz »aus einem Guß« zu sein. Es gibt jedoch kaum ein Haus, das nicht im Laufe seiner Geschichte mehrfach ausgebaut, repariert oder vergrößert worden wäre.

In nicht ausgebauten Dachgeschossen sind ausgewechselte Sparren, Verstärkungen und Reparaturen des Dachwerks oft noch gut zu erkennen. Bei Wänden bieten Anstriche, Putze, Mauer- oder Gefachfüllungsmaterial erste Hinweise auf konstruktive Veränderungen. So sind z.B. Ansätze eines nicht mehr vorhandenen Gewölbes, eine veränderte Fensteröffnung oder die Löcher, in denen ursprünglich einmal Deckenbalken auflagen, zu erkennen.

Am Holzgerüst eines Fachwerkbaues haben Veränderungen meist recht deutliche Spuren hinterlassen. Das können Unterbrechungen in der Reihenfolge der Abbundzeichen sein, ungenutzte Zapfenlöcher oder sog. Jagdzapfen. Hinzu können Unterschiede in den Holzstärken, unterschiedliche Bearbeitungsspuren oder die Verwendung von Nadelholz in einem ansonsten nur aus Eichenholz bestehenden Gefüge kommen.

Solche Beobachtungen müssen näher überprüft werden, um zu klären, ob es sich tatsächlich um konstruktive Veränderungen handelt. Verschiedene Hölzer, Gefachfüllungsmaterialien – hier Lehmflechtwerk, dort Backstein – können nämlich auch zur selben Zeit nebeneinander verwendet worden sein. Ein nicht benutztes Zapfenloch kann auch ein Anzeichen dafür sein, daß der Balken aus einem anderen, älteren Bau stammt und hier nur in neuer Funktion wiederverwendet wurde.

Sicher feststellbare Änderungen in der Konstruktion eines Hauses sind Anhaltspunkte für seine (Um-)Baugeschichte und sie verweisen auf Änderungen in der Nutzung einzelner Räume oder des ganzen Hauses. Darüber hinaus können sie mitunter auch Erklärungen für Bauschäden liefern, wenn beispielsweise eine Fachwerkwand herausgenommen wurde, um aus zwei Wohnstuben den Gastraum eines Wirtshauses zu machen und diese

43 An dieser Stelle wurde eine Strebe für ein Fenster entfernt, das später wieder verschlossen wurde. Brake, Bahnhofstraße 19, rechte Traufwand (Fotografie 1992)

Maßnahme im Laufe der Zeit zu Absenkungen im statischen Gefüge des Hauses führte.

Schwer zu erkennen und zu deuten sind konstruktive Veränderungen vor allem dann, wenn sich verschiedene Umbauten überlagern. Spätestens in solchen Fällen können nur mehrere Methoden der Bauforschung, parallel angewendet, ein einigermaßen klares Ergebnis erbringen.

»Der Krieg – er zieht sich etwas hin ...«

Als Elisabeth, die Enkelin des Johann Schloet, im Jahre 1738 den Höker Tewes Bödeker heiratete, gehörte das Haus in der Langen Straße zu ihrem »Brautschatz«. Ihr erster 1751 geborener Sohn Christian wuchs in kriegerischen Zeiten auf.

Weserbrück war zu einem Etappenort für verschiedene Armeen geworden. Da zogen preußische und hessische Söldner durch, da nahmen französische Truppen Rinteln ein, wurden von alliierten Verbänden wieder vertrieben. Doch ob Freund oder Feind – sie alle ernährten sich »aus dem Lande«, wie es hieß, d.h. die Bevölkerung mußte die Soldaten verpflegen, sie beherbergen. Die Bürger hatten hohe Kontributionen zu zahlen und immer wieder Einquartierungen zu erdulden. Unzählige Soldatenhaufen zogen umher und verbreiteten Angst und Schrecken unter der Bevölkerung. Das Rathaus wurde in ausschweifenden Gelagen verwüstet, St. Nicolai demoliert und beraubt. Auch das Bödekersche Haus blieb nicht verschont: 1760 brachen englische Offiziere ein, ließen sich aus Küche und Keller bedienen und nahmen auch noch das Silberbesteck mit. Kurz darauf war das Haus Lazarett für 12 verwundete Soldaten. Gottlob blieben Familie und Bedienstete von Seuchen verschont, insgesamt starb in jenen Tagen mehr als ein Drittel der Bevölkerung von Weserbrück. Erst in den 1770er Jahren konnten die Menschen in der Stadt wieder hoffnungsvoll in die Zukunft blicken. Eine neue Generation war herangewachsen und Christian Bödeker gehörte dazu. Nachdem er 1776 das Handelsgeschäft vom Vater übernommen hatte, warb er wieder mehrere Bedienstete an. Den Branntweinverkauf hatte er aufgegeben, stattdessen verlegte er sich auf den Galanteriewarenhandel, der gute Geschäfte versprach. Neue Schlafkammern sowie, wegen der modernen Buchführung, ein abgetrenntes Kontor waren nötig. Zur Lagerung der kostbaren Handelsgüter, beispielsweise der wertvollen parfümierten Seife, war jetzt ein spezieller Raum sinnvoll geworden. Daher mußten grundlegende Baumaßnahmen vorgenommen werden, und die privaten Ansprüche des Hausherrn und seiner Familie waren ebenfalls gestiegen. Deshalb wurde das Hinterhaus entsprechend erweitert...

Ein Hauch von Luxus

Im Jahr 1777 veränderte sich zunächst die äußere Gestalt des Gebäudes: das Hinterhaus nahm nun fast die Breite des Vorderhauses an. Die neuen Wände bestanden aus Eichenfachwerk und luftgetrockneten Lehmsteinen, die mit Lehmmörtel vermauert wurden. Diese in der nahen Ziegelei vorgefertigten ungebrannten Backsteine waren billiger als die gebrannten und einfacher zu verwenden als Lehmflechtwerk.

Das Haus erhielt ein einheitliches Satteldach, das mit rotgebrannten Tonpfannen gedeckt wurde. Die Handwerker hatten, um diese befestigen zu können, die neuen Dachlatten auf den Sparren enger aufgenagelt. Um die Fugen zwischen den einzelnen Ziegeln abzudichten, schob man beim Decken Strohdocken darunter.

Wichtige Änderungen gab es hinsichtlich der Diele. Dieser Bereich, von dem aus bisher fast alle Räume erreichbar waren, wurde verkleinert. Eine eigentliche Küche gab es bis zu diesem Zeitpunkt noch nicht,

44 Ofennische und Deckenstuck von 1790. Detmold, Lange Straße 55, 1. Obergeschoß (Fotografie um 1890)

45 Barocke Treppenanlage mit Galerie zur Erschließung verschiedener Ebenen in einem Renaissancebürgerhaus. Detmold, Krumme Straße 32 (Fotografie um 1885)

sie war Teil der Diele. Um einen abgeschlossenen und leicht erreichbaren Lagerraum für die wertvolleren Handelswaren zu erhalten, wurden im hinteren Teil der Diele Wände eingezogen. Der alte Kellereingang wurde zugemauert, ein neuer an die dielenseitige Kellerecke gelegt.

Umfangreiche Planungen erforderten die Verlegung der Treppe von der Saalwand an die Seite der Diele. Von hier aus konnten die Bewohner des Hauses das Obergeschoß, aber auch den Speicher betreten. Neu und von entscheidender Bedeutung war der Einbau eines Flures im hinteren Teil des Obergeschosses. Somit mußte man nicht mehr durch den Saal, um in die dahinter liegenden Räume zu gelangen. Zu diesem Zweck wurde die noch aus dem 16. Jahrhundert stammende Kammer neben dem Saal aufgegeben und zu einem Teil des Flures umgebaut. Am hinteren Ende des Flures wurde ein Abort eingebaut. Die Lage nahe der Wohnräume hatte den Vorteil, daß man nun nicht mehr den Stall aufsuchen mußte, was erheblich zur Bequemlichkeit beitrug.

Der Besitzer ließ aber noch weitere Umbauten durchführen. Im Speicherstock bauten Zimmerleute direkt hinter dem Giebel zwei Wände aus schmalem Eichenfachwerk ein. So entstanden zwei Räume, von denen einer den Dienstmägden als Schlafkammer diente.

Durch den Einbau einer zweiten Kaminanlage war jetzt auch die Beheizbarkeit der Wohnräume im hinteren Hausbereich ga-

46 Flügelfenster mit Bleiruten, Mitte 18. Jahrhundert. Grevenburg (Fotografie 1991)

rantiert. Der neue wie auch der alte Schornstein wurde von den Maurern durch das Dach hindurch bis über die Firstlinie hinausgeführt. Dies führte dazu, daß der Rauch nun nicht mehr in das Dachwerk abzog. Um sich aber auch weiterhin den Rauch zunutze zu machen, mußte die zweite Dachkammer als Räucherkammer eingerichtet werden.

Dem Anspruch und der gesellschaftlichen Stellung des Besitzers und seiner Familie entsprechend wurde ein großer Teil des Innenausbaus dem Zeitstil angepaßt. Die Decke des Kontors wurde höher gelegt und mit Lehmwickeln gefüllt. Die gesamte Deckenfläche wurde dann mit Lehm überputzt und mit Kalkfarbe weiß gestrichen. Zudem erhielt dieser Raum eine halbrunde Ofennische. Sie war in ihrer Grundform aus Backsteinen aufgemauert, mit Lehm verputzt und mit grauer Farbe angestrichen worden. Die architektonische Rahmung, d.h. die Pilaster, waren ebenfalls aus Lehm, und nicht, wie sonst üblich, aus Stuck geformt worden. In dieser Nische stellte man einen neuen eisernen, ebenfalls runden Ofen auf. Ferner wurden fast alle Türen ausgewechselt, die alten kleinteiligen Fenster mit Bleiverglasung durch moderne vierteilige mit größeren Scheiben und Holzsprossen ersetzt.

Zwar hatte die Altenteilerkammer durch den Umbau des Kontors an Raumhöhe verloren, doch gewann man sie durch die Umgestaltung der Treppenanlage einen weiteren Raum dazu. Der Vorderraum war von nun an mit einem kleinen Eisenofen beheizbar.

Der Saal erhielt ebenfalls ein neues Gesicht. Da die Treppe zum Speichergeschoß in den Dielenbereich verlegt worden war, bekam der Raum nun einen wohnlicheren Charakter. Der Maler dekorierte ihn durch eine auf die Wände aufgemalte, sozusagen vorgetäuschte, Wandvertäfelung bis Brüstungshöhe, teilte die darüberliegende Wandfläche in Felder auf und bemalte diese mit kleinen Blumen. In diesem Zusammenhang erhielt auch die verputzte Saaldecke einen neuen Anstrich, obwohl der letzte noch keine fünf Jahre alt war. Der Preßstuck auf den Balken war von den vielen Anstrichen fast nicht mehr zu erkennen. Endlich wurde auch der alte eiserne Ofen auf der Ostseite des Saales gegen einen neuen repräsentativeren an auf der Westseite ausgetauscht, der angeblich weit weniger Holz verbrauchte.

47 Dachdeckung mit Hohlpfannen und Strohdocken. Herford, Radewiger Straße 23 (Fotografie 1993)

Baugeschichte in Stilen

Mit Hilfe der Stilgeschichte können Gebäude, Gebäudeteile oder deren Ausstattung relativ schnell grob datiert werden.

Die Kenntnis der stilgeschichtlichen Formenentwicklung gehört zum grundlegenden »Handwerkszeug« des Kunsthistorikers und des Bauforschers. Es sind besonders Detailformen, wie Profile, Ornamente, Kapitelle etc., aber auch komplette Dekorationssysteme, die sich mit Hilfe der Stilgeschichte datieren lassen.

Über die grobe Epocheneinteilung in Romanik, Gotik, Renaissance, Barock etc. hinaus gibt es feinere Differenzierungen. Sie wurden durch unzählige Vergleiche anhand von fest datierten Beispielen erarbeitet und ermöglichen eine genauere zeitliche Einordnung und z.T. auch die Bestimmung besonderer regionaler Ausprägungen von Formen. So wird z.B. eine Fachwerkfassade in Rinteln mit Beschlagwerkschnitzereien und Fächerrosetten um das Jahr 1600 entstanden sein, weil in dieser Zeit im Weserraum solche Renaissanceornamente gängig waren. Teile des Innenausbaus wie Treppengeländer, Türen, Fenster, Wandverkleidungen oder Anstriche waren noch viel stärker den jeweiligen Stilmoden unterworfen, da sie einfacher verändert werden können als die komplette Hausfassade.

Stilistische Gestaltungselemente stehen jedoch auch oft in Zusammenhang mit bestimmten Konstruktionsweisen, Bauteilen oder Bautypen.

Da jeder Stil eine Modeerscheinung war, kommen immer wieder Abweichungen von der allgemeinen Stilentwicklung vor. Daneben ist zu beachten, daß die Geschichte der Stilwandlungen zunächst ausgehend von den »Trendsettern« der Stilentwicklung geschrieben worden ist. Deshalb ist das Formenraster bei gotischen Kathedralen oder barocken Schlössern und Adelssitzen weitaus feiner als bei Bürger- oder gar Bauernhäusern, bei denen die aktuellen Stilmoden meist mit einiger Verspätung, manchmal auch überhaupt nicht aufgegriffen wurden.

Stilgeschichtliche Datierungen müssen durch andere Datierungsmethoden überprüft werden. Umgekehrt kann die Bauforschung durch sichere Datierungen wieder zur Verfeinerung des stilgeschichtlichen Rasters beitragen.

Die Beschäftigung mit den stilistischen Gestaltungsformen eines Gebäudes erbringt darüberhinaus Hinweise auf den Status des Besitzers bzw. Bauherrn und die Nutzung einzelner Räume. So kann z.B. die aufwendige Ausstattung eines großen Raumes in einem städtischen Haus um 1600 – mit Eisenofen, Preßstuckdecke und Wandbemalung im zeitlich aktuellen Stil und in qualitätvoller Ausführung – darauf hindeuten, daß der Bauherr ein Adeliger oder ein sehr wohlhabender Bürger war und der Raum als repräsentativer Saal seines Hauses genutzt wurde.

48 Renaissancebürgerhaus mit jüngerem Rokokoportal. Paderborn, Marienplatz 2 (Fotografie 1938)

»En gros und en detail« – Das Haus ist jetzt eine Firma

Im ausgehenden 18. Jahrhundert war Weserbrück von den großen Volksunruhen verschont geblieben, nur vereinzelt gab es Krawalle unter den Handwerksgesellen – gar kein Vergleich mit dem fernen Paris! Aber Frankreich rückte dennoch näher: Nachdem Hameln vor den napoleonischen Truppen kapituliert hatte, begann kurz vor Weihnachten des Jahres 1806 auch für Weserbrück die schwere Zeit der französischen Besatzung. Im diesem schicksalsträchtigen Jahr 1806 übernahm August Bödeker als zweitältester Sohn das Geschäft seines Vaters. Die Stadt gehörte nun zum »Königreich Westfalen«.

Vor allem stiegen die Abgaben, auf Nahrungsmitteln und Tabak lagen jetzt hohe Steuern. Eine tiefe Lähmung der Geschäfte war die Folge. Erst als 1814 die Franzosen abzogen und die alte Ratsverfassung wieder in Kraft war, begann sich neues Leben in der Stadt zu regen. Zahlreiche »Fabriquen« wurden gegründet, darunter eine zur Seifenherstellung und eine für Stärkepulver.

1834, im Jahr der neuen hessischen Städteordnung, nahm August den zehn Jahre jüngeren Steffen Kröger, der in Bremen in die Lehre gegangen war, als Teilhaber in das Geschäft auf. Er knüpfte sofort Verbindungen nach Amerika, ein gutes Absatzgebiet für Leinwand und Stoffe aller Art. Allein zwölf Frauen in Weserbrück und weitere 24 Familien in der Umgebung webten die Stoffe in Heimarbeit. Während Steffen den Überseehandel organisierte, versorgte August weiterhin den Nahbereich und richtete noch 1836 im alten Kontor einen Laden ein. Große Lagerkapazitäten waren jetzt nicht mehr nötig, das von der Diele aus zu bedienende Aufzugsrad zur Beförderung der Waren in den Speicherstock war überflüssig geworden. Die Diele verlor ihre Bedeutung. Stattdessen wurden noch mehr Wohnraum und weitere Büroräume gebraucht, sodaß auch im Vorderhaus jetzt Öfen aufgestellt werden mußten.

Die neue Art zu Wohnen

49 Biedermeierliche Einrichtung. Wohnzimmer im Hause des Theatermalers Karl Wilhelm Gropius, um 1835, Aquarell (Berlin, Märkisches Museum)

Im Jahre 1836 hatte der Besitzer zusammen mit seinem Geschäftsteilhaber die Handelsbeziehungen weiter ausgebaut. Nun benötigten sie im Gebäude weitere Räumlichkeiten, um Platz für ihre Angestellten zu erhalten und ihre Handelstätigkeiten besser abwickeln zu können. Neben der Einrichtung neuer Büroräume und eines Ladens im früheren, zur Straße liegenden Kontor, wurde aber auch an eine Erweiterung der Wohnmöglichkeiten gedacht.

Nachdem bereits im Jahre 1777 der ursprüngliche Dielenraum verkleinert worden war, verzichtete man jetzt auf die Zweigeschossigkeit dieses Gebäudeteils und zog eine Zwischendecke ein. So gewann man einen Wohnraum im Obergeschoß hinzu, während die Diele im Erdgeschoß als Hausflur genutzt wurde. Das hohe Dielentor verlor seine Funktion und wurde ausgebaut. Der Tischlermeister fügte im Erdgeschoß eine zweiflügelige Haustür in die Fassade ein, im Obergeschoß belichteten nun zwei Fenster den neu geschaffenen Raum. So hatte der Umbau der Diele auch seine Auswirkung auf die Gestaltung der Straßenfassade. Zum Innenausbau des Gebäudes gehörte ebenfalls die Abtrennung der Küche. Der schmale Durchgang zur Diele wurde mit einer Wand und einer Tür geschlossen, die Küchenaußentür zur Kirchengasse zugemauert. Insgesamt war eine völlig neue Nutzung der Räume des Hauses die Folge. Hatten sich seit 1709 in den beiden Räumen des Obergeschosses, die hinter dem Saal angeordnet waren, noch die Wohnräume des Besitzers und seiner Familie befunden, so wurden hier nun ein Bügel- bzw. Wäschezimmer, und dahinter die Schlafkammer der weiblichen Hausangestellten eingerichtet. Ein im Haus beschäftigter Handelsangestellter bewohnte als Mieter die neben der Räucherkammer liegende Kammer im Dachgeschoß. Das Dachgeschoß konnten die Bewohner des Hauses durch eine breite Treppe erreichen, die die alte, nur über eine Klappluke zugängliche steile Stiege abgelöst hatte. Die drei Räume im zur Straße gelegenen Obergeschoß wurden ausschließlich vom Hausherrn und seiner Familie als Speise-, Schlaf- und Kinderzimmer benutzt, der Saal war weiterhin das repräsentative Wohnzimmer. Er erhielt

50 Horizontales Schiebefenster des 17. oder 18. Jahrhunderts mit Bleisprossen und ein »modernes« Holzsprossenfenster des frühen 19. Jahrhunderts mit Drehflügeln. Hann. Münden (Fotografie 1990)

51 Bürgerhaus der Renaissance, umgestaltet zu Beginn des 19. Jahrhunderts mit Abwalmung des Giebels und einheitlichem Anstrich von Fachwerk und Gefachen. Detmold, Lange Straße 16 (Fotografie um 1880)

52 Haustür und Türbeschläge, Anfang 19. Jahrhundert. Höxter, Corbiestraße 1 (Fotografie 1985)

einen modernen eisernen Zirkulierofen. Neben diesen Veränderungen im Innern des Gebäudes wurde auch das Äußere umgestaltet. Die fast 60 Jahre alten Fenster waren zwar noch in einem guten Zustand, aber sie wurden dennoch durch neue ersetzt. Diese hatten weniger Sprossen und größere Scheiben. Auf diese Weise konnte mehr Licht in das Haus gelangen. Dies kam vor allem dem neu eingerichteten Laden zu gute.

Ganz besonders auffällig war aber die farbliche Verschönerung des Hauses. Sowohl die Innenräume als auch die Fassaden wurden gestrichen. Der Außenbau erhielt einen zu der Zeit modernen hellgrauen Anstrich aus einer Kalkkaseinfarbe über Gefache und Balken hinweg. Die neuen Fenster wurden weiß gestrichen. Auch im Innern des Gebäudes gab es für die Maler viel Arbeit. Türen, Fenster und die neuen hohen Fußleisten wurden hellgrau gestaltet. Die Wände der Wohnräume wurden erstmals komplett – auch die Balken – verputzt. Die Decken wurden weiß, die Wände in verschiedenen Pastelltönen gestrichen. Um eine gleichmäßige Felderung zu erzielen, beklebte man die Wandflächen anschließend mit bedruckten ornamentierten Papierstreifen.

Bauforschung »Schwarz auf Weiß«

Neben den Spuren am historischen Bauwerk selbst gibt es zu vielen Häusern auch eine schriftliche Überlieferung der Baugeschichte.

Dabei gilt die Faustregel, je weiter ein Baudatum zurückliegt, desto weniger Schriftzeugnisse haben sich in der Regel dazu erhalten. Ganz selten geben die älteren Urkunden Auskunft über private Bauten. Im städtischen Bereich gibt es jedoch seit dem Mittelalter Vorformen der modernen Verwaltung: In einigen Stadtarchiven haben sich ältere Grundbücher und Steuerregister aus dem 13. Jahrhundert erhalten. Ab etwa 1500 nimmt die Schriftlichkeit in den Behörden stark zu. Manche privatrechtliche Quellen (Verträge, Testamente, Briefe) und Gerichtsakten enthalten Ortsangaben, so daß sie sich auf bestimmte Grundstücke beziehen lassen. Vielfach kommt man gleichsam puzzleartig durch die Kombination verschiedener Akten und Amtsbücher zu Ergebnissen. Personengeschichtliche Dokumente wie Kirchenregister (Tauf-, Kopulations-, Sterbebücher) gibt es meist erst seit dem 17. Jahrhundert. In besonderen Fällen – Katastrophen, Zerstörungen – sind Bauten und Projekte in Chroniken verzeichnet. Um wahre Glücksfälle handelt es sich, wenn detaillierte Nachrichten über den Prozeß eines Bauvorhabens auf uns gekommen sind. Zu den »öffentlichen Gebäuden«, wie Verteidigungsanlagen, Rathäusern und Arsenalen, Kirchen, Schulen und Schlössern gibt es oft noch Rechnungen und Quittungen. Detailliert sind darin die beteiligten Gewerke, aber auch die Materialien und sogar die jeweiligen Kosten aufgeführt. Adelige Bauführer protokollierten ihre Projekte mitunter sogar sehr präzise und äußerten sich zuweilen in Briefen darüber. So enthalten Adelsarchive manchmal auch noch die Verträge der Bauherren mit ihren Handwerkern und die Beschwerden über frühe Schäden.

Interessant sind die Niederschriften der freiwilligen Gerichtsbarkeit (Testamente, Eheberedungen, Teilungsverträge o.ä.) besonders dann, wenn sich darin Besitzverzeichnisse (Inventare) befinden. Sie erfassen oft ganz exakt die Möbel, den Hausrat oder sogar Baudetails eines Hauses; so können wir daran im Idealfall nicht nur die genaue Raumaufteilung nachvollziehen, sondern erfahren auch einiges über den Lebensstandard und die Gewohnheiten der Bewohner. Schon im 18. Jahrhundert beginnen die Kommunen mit einer verbindlichen Feuerversicherung. Grundlage dafür sind zumeist Gebäudeerfassungen mit z.T. überaus genauen Beschreibungen nach Größe, Baumaterial und Wert eines Objektes. Auch Veränderungen lassen sich über die Jahre oft gut nachvollziehen; die Besitzer sind meist namhaft und über andere Quellen lassen sich Anhaltspunkte zur Nutzung ihrer Räumlichkeiten finden. Seit dem 17. Jahrhundert stoßen wir auch in den Archiven der landesherrlichen Verwaltungen auf die Registraturen spezieller Behörden zur Bauaufsicht. Die Akten beinhalten umfängliche Vorschriften und Verordnungen, dokumentieren jedoch immer wie-

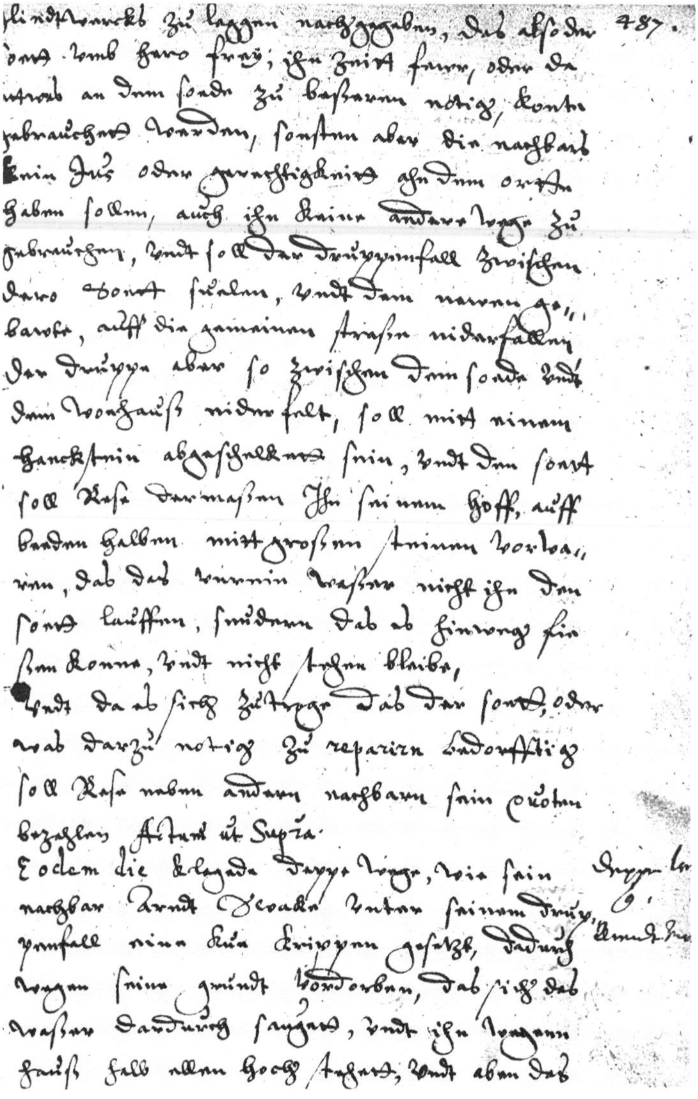
[illegible]lindtwerck zu leggen nachgegeben, das also die 487.
ort umb [illegible] frey; ihr zeit frew, oder da
[illegible] an dem [illegible] zu bessern notig, konte
gebraucht werden, sonsten aber die nachbar
kein Jus oder gerechtigkeit ahn dem orte
haben sollen, auch ihn keine andere wege zu
gebrauchen, undt soll der druppenfall zwischen
dero [illegible] fallen, undt dem newen ge-
bewte, auff die gemeinen strassen niderfallen,
der druppe aber so zwischen dem [illegible] undt
dem woonhauss niderfelt, soll mit einem
[illegible] abgeschellert sein, undt den [illegible]
soll Rese dermassen ihn seinem hoff, auff
beiden halben mitt grossen steinen verlegen,
dass das [illegible] wasser nicht ihn den
[illegible] lauffen, sondern das es hinweg flie-
ssen konne, undt nicht stehen bleibe,
undt da es sich zutrege das der [illegible], oder
was darzu notig zu repariren bedurfftig
soll Rese neben andern nachbarn sein quoten
bezahlen Actum ut Supra.
Eodem die klagede [illegible] wege, wie sein [illegible]
nachbar Arndt [illegible] unter seinem druy-
penfalle eine kue krippen gesetzt, dadurch
wegen seine grundt verderben, das sich das
wasser dadurch sauget, undt ihn wegen
hauss halb allen hoch stehet, undt eben das

53 Schriftquelle. Seite 487 aus dem Protokollbuch der Lemgoer Nachbarschaftsrichter (1605). In dem verzeichneten Streit geht es um die Neuregelung des Regenwasserablaufs nach einem Neubau des Lemgoer Bürgers Rese (Fotografie 1993)

54 Bildquelle. Entwurfszeichnung zu einem Geschäftshaus nach Vorbildern historischer Fachwerkbauten, Tuschezeichnung, um 1900. Marburg, Wettergasse 38

der auch konkrete Fälle von Verstößen dagegen. Einige davon durchliefen den Instanzenweg sogar bis zum Reichskammergericht, dessen Akten überaus reiche Angaben zu den Einzelheiten bieten.

Die Hinterlassenschaft der städtischen und staatlichen Baubehörden nimmt im 19. Jahrhundert stark zu und mit ihr die Dichte der baugeschichtlich relevanten Informationsquellen: So ist die Niederlegung der städtischen Befestigungsanlagen oft gut beschrieben. Vielfach werden den Bauakten jetzt Pläne und Skizzen beigegeben. Besonders gut sind wir über die baulichen Einzelheiten der starken städtischen Expansion um die Jahrhundertmitte, in den »Gründerjahren« und aus der Zeit um 1900 unterrichtet. Seitdem informieren uns auch die Adreßbücher über Bewohner und Eigentümer der Häuser. Mit der zunehmenden Verbreitung von Druckerzeugnissen zu Beginn des 19. Jahrhunderts erscheinen gelegentlich detaillierte Verkaufsanzeigen, aus denen sich ebenfalls Hinweise auf ältere Bauzustände ergeben. Mit der Einrichtung von Denkmalpflegebehörden entstehen seit der Mitte des 19. Jahrhunderts Akten, aus denen Einzelheiten zum Umbau besonders schützenswerter Gebäude hervorgehen.

Vom Gaslicht bis zum Nierentisch – ein Jahrhundert rasanter Entwicklungen

Auch in Weserbrück begannen nach der Mitte des 19. Jahrhunderts die »Gründerjahre«. Das Bismarck-Reich schuf Vertrauen in scheinbar unbegrenztes Wachstum der Wirtschaft. Die Stadt gehörte jetzt zur Provinz Hessen-Nassau, d.h. zu Preußen, und war an die Eisenbahnlinie Hameln-Vlotho angeschlossen. Rings umher ragten die Schornsteine der neuen Fabriken empor.

Schon 1866 hatte Wilhelm Bödeker die alte Stoffhandlung zu einem Textilgeschäft umgewandelt und in das Handelsregister eintragen lassen. Sein Vater war mit dem Exportgeschäft wegen der immensen Handelszölle in große Schwierigkeiten geraten und es schien angebracht, sich auf den Regionalhandel zu beschränken. So überstand die Firma denn auch die Wirtschaftskrise 1873/74. Neben der Berufskleidung, die von den Arbeitern der Möbel- und Schuhfabriken gebraucht wurden, fragten die Herrschaften auch immer häufiger nach feinerer Ware. Überhaupt wurde vieles in der Stadt prunkvoller und größer. 1911 investierte Wilhelms gleichnamiger Sohn in die Renovierung seines Ladens; auch das alte Schaufenster genügte den Ansprüchen nicht mehr.

Erst 17jährig meldete sich Wilhelms Sohn Victor voller Begeisterung zur Teilnahme am Weltkrieg. Als er 1918 halb erblindet zurückkehrte, war für ihn eine Welt zerbrochen. Mit der Inflation von 1923 begann eine besonders harte Zeit, und die Familie mußte sich stark verschulden, um die Firma halten zu können. Zehn Jahre später, im Geburtsjahr seiner Tochter Dagmar – Hitler hatte gerade die Macht übernommen – wurde Victor das Geschäft vom Vater übertragen. Er modernisierte den Laden; das Haus erhielt einen Neuanstrich, und eigenhändig brachte er die Halterungen für die Hakenkreuzfahnen an. Die »Kristallnacht« 1938, in der auch das Geschäft seines Schulfreundes und Partners Karl Salomon zerstört wurde, und der deutsche Angriff auf Polen ließen Victor umdenken und auf kritische Distanz zur Nazi-Ideologie gehen. Schließlich war er wider Willen im »Volkssturm« an der Sprengung der Weserbrücke beteiligt. Zwar war die Stadt kaum von Bomben zerstört worden, doch mußten jetzt für die aus dem Osten heranströmenden Flüchtlinge Unterkünfte geschaffen werden. Drei Jahre lang gab Victor einer aus Schlesien vertriebenen Familie in seinem Haus eine Bleibe.

Der Wohnungsbau wurde zur wichtigsten Aufgabe nach 1950. Jährlich entstanden 15 bis 20 Neubauten vor der Stadt – Wohnblocks mit modernen 3-Zimmer-Wohnungen, Drehkipp-Fenstern, Wannenbad und Etagenheizung. Dagegen erwiesen sich die alten Innenstadthäuser als unkomfortabel, feucht und dunkel. Auch war die City so gar nicht autogerecht. Erst als moderne Materialien auf dem Markt und erschwinglich waren, konnte an die Modernisierung auch des alten Hauses mit dem unzeitgemäßen Laden gegangen werden. Zwar blieb das Textilgeschäft auch weiterhin im Familienbesitz, doch längst sah Victors Tochter Dagmar ein, daß die großen Kaufhäuser in Hameln und Hannover eine größere Auswahl zu viel niedrigeren Preisen anbieten konnten. Wenn die alte Stammkundschaft aus dem ländlichen Umland nicht gewesen wäre...

Wahre Wunder des Fortschritts

Seit 1836 hatte es in dem Haus keine durchgreifende Modernisierung mehr gegeben. Das alteingesessene Tuchgeschäft hatte seine Lagerräume im Speicher- und Dachgeschoß, für den Ladenverkauf reichte ein Raum im Erdgeschoß hinter der Utlucht. Als Wohnung entsprach der alte Bau nicht mehr den zeitgemäßen Ansprüchen. Anfang der 1880er Jahre konnte der Kaufmann das Nachbarhaus erwerben. Er ließ es abreißen und ein zweigeschossiges Wohn- und Geschäftshaus mit Backsteinfassade errichten. Den Laden im Neubau vermietete er.

Um von seinem neuen Haus einen Zugang zu seinem angestammten Geschäftshaus zu erhalten, ließ er im alten Haus einen Durchgang zum Neubau schaffen. Die

Eltern des Bauherrn, die sich aus dem Geschäft noch nicht ganz zurückgezogen hatten, wohnten weiterhin im ersten Obergeschoß. Die beiden Hausangestellten wohnten ebenfalls im Haus.

Der Bauherr entschloß sich, im hinteren Bereich des Speicherstocks vier Räume abteilen zu lassen, um sie zu vermieten. Die Wände wurden aus Fichtenholzfachwerk errichtet und mit Lehmtrockensteinen und Kalkmörtel ausgefacht. Jedes des vier kleinen Zimmer erhielt ein Fenster. Die Wände wurden mit Kalkmörtel verputzt, die Dekkenbalken von unten mit einer dünnen Schalung versehen, mit Strohmatten benagelt und mit Gips verputzt. Um die Räume zu erreichen, mußten die zukünftigen Mieter durch den Lagerraum im Speicherstock gehen. An den Schornstein wurden vier kleine »Kanonenöfen« angeschlossen. Die Abzugsrohre aus den beiden Räumen mußten unter der Decke entlang quer über den Flur geleitet werden.

Die Innengestaltung wurde von dem gleichen Maler vorgenommen, der im Jahr zuvor die neue Wohnung des Bauherren dekoriert hatte. Die Decken wurden weiß gestrichen, die Wände erhielten helle farbige Anstriche, eine einfache Wickelmarmorierung und einen mit Schablonen gestrichenen Fries unterhalb des Deckenanstrichs: Nachdem der Kalkputz weitgehend ausgetrocknet war, mischte der Maler eine Leimfarbe aus stark verdünntem Knochenleim und Farbpigmenten an. Als Pigment für die weiße Farbe wählte er Kreide, die für die Decke und den oberen Wandbereich nicht farbig abgemischt wurde. Für die Wände wurden Ocker, Oxydrot, Oxydschwarz oder Ultramarinblau zugegeben. Zunächst wurden die Wände zweimal ganz hell gestrichen. Der Rest der Farbe wurde mit weiteren Farbpigmenten nachgedunkelt. Um eine Marmorierung darzustellen, nahm der Maler einen großen Lappen, tauchte ihn in die Farbe und drehte den Lappen schneckenförmig auf. Dann wurde der aufgedrehte Lappen immer wieder von unten nach oben über die Wand gerollt. Auf diese Weise wurden alle Räume bis etwa 20 cm unterhalb der Decke dekoriert. Für den Übergang vom Wand- zum Deckenbereich hatte der Maler noch einfache Schablonen seines Vaters. Sie zeigten geometrische Muster.

Die übrigen Wohnräume des Hauses sollten von den Eltern des Geschäftsinhabers weiterhin benutzt werden. Die beiden vorderen Räume im Obergeschoß erhielten der neuen Mode gemäß Papiertapeten, deren Muster nach Vorbildern historischer Stoffe angefertigt worden waren. Die vorhandenen Türen und Fußleisten wurden mit einer Nußbaum imitierenden Bierlasur bemalt. Dazu wurde zunächst das Holz mehrfach einfarbig hell gestrichen. Auf dem matten Untergrund wurde dann eine mit Bier angesetzte dunklere Farblasur aufgebracht, in die mit ausgeschnittenen Federn und speziellen Pinseln künstlerisch die Maserung hineingestrichen wurde. Als Schutzanstrich trug der Maler einen Leinölfirnis auf.

In der guten Stube wollte man einen hohen Kachelofen im altdeutschen Stil vom Ofensetzer errichten lassen. Deshalb konnte der alte, gußeiserne Zirkulierofen in einen der vorderen Räume umgesetzt werden.

Im Hof des Hauses befand sich schon seit dem Mittelalter ein gemauerter Brunnen, der aber nur wenige Meter tief war. Die Bewohner des Hauses waren deshalb nie auf die öffentlichen Brunnen angewiesen. Die Mehrzahl der Bevölkerung mußte jedoch das für den Haushalt benötigte Wasser aus den öffentlichen Brunnen holen.

55 Hausflur (Teil der ehemaligen Diele) mit gemalter Maserierung an der Decke. Detmold, Krumme Straße 20 (Fotografie um 1905)

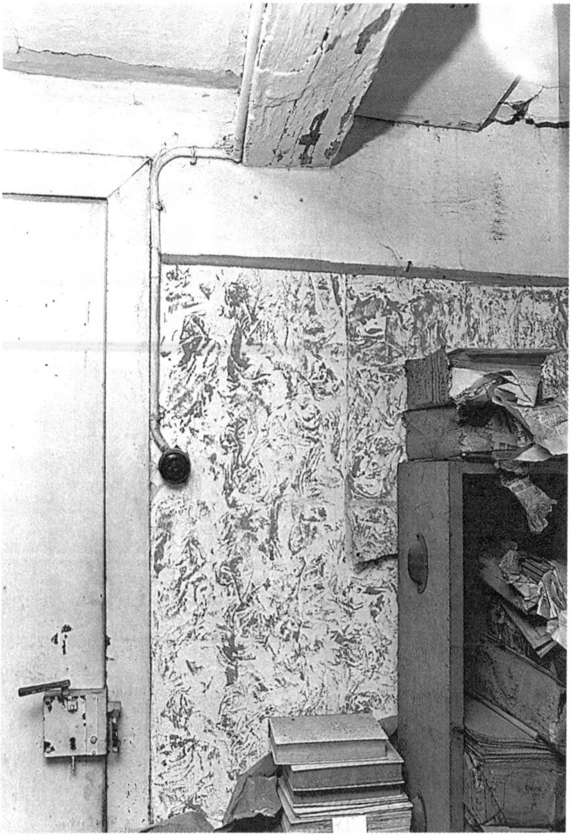

56 Wickelmarmorierung, Anfang 20. Jahrhundert. Detmold, Lange Straße 14, Dachwerk (Fotografie 1993)

Es hatte zwar schon im 18. Jahrhundert in Weserbrück Pläne gegeben, das Weserwasser über ein Schöpfrad in die Stadt zu pumpen, die jedoch nicht realisiert wurden. Den letzen Ausschlag, auch in Weserbrück eine allgemeine Wasserversorgung aufzubauen, gab die große Cholera-Epidemie. Auch die Versalzung der Weser durch die Kaliwerke an der Werra war den Stadtvätern bekannt, so daß sie für die Versorgung ihrer Bürger mit Trinkwasser die Verwendung von Weserwasser ausschließen wollten. Mitte der 1890er Jahre beschlossen die Stadtväter, die Planung für zwei Rohrbrunnen zur Förderung von Grundwasser voranzutreiben. Im September 1898 war es dann so weit, daß in den ersten Haushalten das Wasser »aus dem Hahn« lief. Für die Hausanschlüsse hatten die Klempner reichlich Eisen- und Bleirohre, Verbindungsmuffen und Befestigungseisen bei einem Großhändler geordert.

Im Haus in der Langen Straße wurde mit der Einrichtung der öffentlichen Wasserversorgung ein Anschluß in die Küche gelegt, ein weiterer in die Waschküche hinter

57 Türgriff in Neorenaissanceformen am Erweiterungsbau des Rathauses Nienburg von 1902–1904 (Fotografie 1991)

dem Keller. Das Abwasser wurde in Bleirohren in den Rinnstein der Kirchgasse geleitet. Das Wasser wurde jedoch weiterhin in Kannen in die Schlafräume gebracht. Man wusch sich wie gewohnt in Schüsseln an den Waschtischen.

Nachdem die Pläne von 1895, einen großen Laden im gesamten Erdgeschoß einzurichten, nicht verwirklicht werden konnten, sollte der bestehende Laden nun zumindest ein neues Schaufenster erhalten. Auch wenn der Geschäftsinhaber überwiegend Stammkundschaft hatte und er sich von der Präsentation der Auslagen keine wesentliche Umsatzsteigerung versprach, hielt er eine modernere Gestaltung der Ladenfassade für nötig. Er ließ nach seinen Vorstellungen vom Schlosser neue Schaufenster mit eingeschweißten feinen Sprossen an zwei Seiten der Auslucht einbauen. Den oberen Abschluß des Schaufensters gestaltete er wie ein Oberlicht mit enger gesetzten senkrechten Sprossen. Der Schlosser hatte die eisernen Rahmen mit Mennige gestrichen. Anschließend kam der Maler für den Voranstrich und das Verkitten der Glasscheiben. Da durch das große Fenster nun auch der Laden von der Straße völlig überblickt werden konnte, fertigte ein Tischler eine Schaufensterrückwand mit Sprossen und geriffeltem Milchglas an. Für den kommenden Sommer verabredete der Hausherr mit dem Maler die Erneuerung des Farbanstrichs der gesamten Fassade. Hierbei sollte er die Gefache wieder weiß und das Fachwerk braun streichen, die Fächerrosetten und die übrigen Schnitzereien jedoch stärker farbig absetzen.

Schon seit der Jahrhundertwende wurde eine Versorgung aller Bürger von Weserbrück mit Elektrizität angestrebt. Unklar war jedoch lange Zeit, ob ein eigenes städtisches Elektrizitätswerk errichtet werden

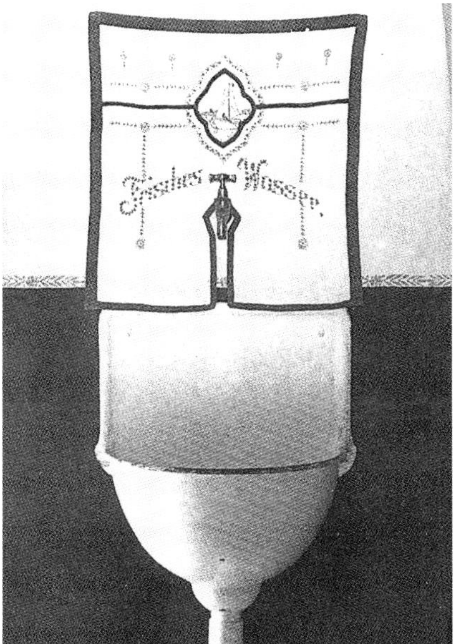

58 Ausguß mit Ausgußbehang, Anfang 20. Jahrhundert

59 Ladeneinbau (um 1910) in der Auslucht eines Renaissancebürgerhauses. Hameln, Bäckerstraße 31 (Fotografie 1958)

sollte. Ende 1909 fiel dann die Entscheidung für einen Anschluß an das nahegelegene Steinkohlekraftwerk.

Im Herbst 1911 begann man in Weserbrück nach Abschluß aller Verträge mit dem Bau der Hochspannungsleitungen. Am Stadtrand wurden Transformatorenstationen errichtet, von denen aus die Niederspannungsnetze mit hölzernen Masten in die Straßenzüge führten. Die Wohnhäuser in der Langen Straße erhielten Wandhalterungen mit je zwei Isolatoren aus Porzellan. Im Haus wurden die Leitungen über dem Putz verlegt. Die Leitungen, die der Elektriker mit Schellen aus Zinkblech auf der Wand befestigte, hatten eine Bleiummantelung und einem Überzug aus textilem Gewebe. Die Schalter bestanden aus dem neuartigen Kunststoff Bakelit. Alle nötigen Materialien brachte der Installateur mit, der sich von Gas- auf Elektroinstallationen umgestellt hatte. Er war eigens aus Bielefeld gekommen, denn in Weserbrück und Umgebung gab es noch keinen Elektroinstallateur.

Das Haus in der Langen Straße erhielt seine Anschlüsse zu Weihnachten 1913. Der Tuchhändler ließ das neue Schaufenster und den Laden, den Hausflur und die Küche im Erdgeschoß sowie zwei Räume in der Altenteilerwohnung im Obergeschoß mit einem Anschluß für eine Lampe versehen. Die älteren Beleuchtungseinrichtungen blieben für alle Räume ohne Elektroanschluß weiterhin in Benutzung. Im Haus wurden die Mietwohnungen im Speichergeschoß zunächst ebensowenig angeschlossen wie das Lager selbst.

Im Zusammenhang mit der Wasserversorgung sollte ursprünglich auch eine öffentliche Abwasserleitung verlegt werden. Dies war wegen des hohen Wasserstandes und der ständigen Überflutungsgefahr durch die nahe Weser jedoch technisch schwierig. Auch aus Kostengründen wurde der Bau der Kanalisation immer wieder verschoben. Durch die Weltwirtschaftskrise verzögerte sich der Bau noch bis 1935, als man zunächst die Lange Straße, die Weserstraße und den Kirchplatz anschloß.

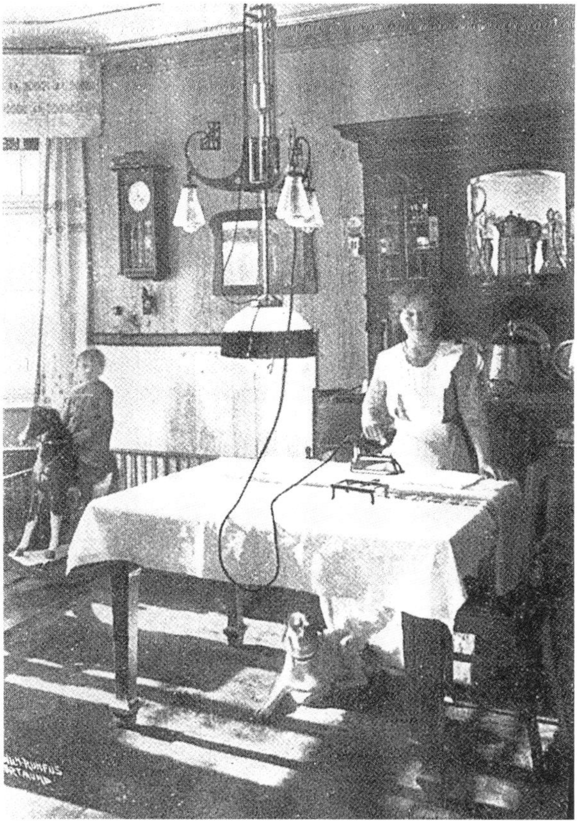

60 Elektrisches Bügeln, 1912

Der Wasseranschluß in der Küche sollte einen Abfluß erhalten. Weil die Kanalisation ohnehin durch die Kirchgasse führte, mußten die Klempner nur kurze Anschlüße bis zum Haus legen. Ineinandergesteckte Rohre aus Steinzeug verlegte man durch den Haussockel hindurch zum Stadtentwässerungskanal.

Die aus verzinktem Eisenblech bestehenden Fallrohre für das Regenwasser wurden mit dem Abwassernetz verbunden. Die Mehrzahl der Nebenstraßen in Weserbrück wurde erst nach 1950 an die Kanalisation angeschlossen, als die wirtschaftliche Lage es den Stadtvätern erlaubte, das wichtige Vorhaben der Vorkriegszeit wieder aufzugreifen. Nun wurden in vielen Häusern auch Wasserklosetts und Badezimmer eingebaut. Auch unser Haus erhielt erst im Jahre 1954 im Vorderhaus das erste Badezimmer: Der Tischler teilte einen kleinen Bereich vom Schlafzimmer über dem Laden mit einer Leichtbauwand aus Dachlatten und Hartfaserplatten ab. Da dieser Raum direkt über der Küche lag, konnte der Installateur hier die Wasserzuleitung und die Abwasserrohre ohne viele Eingriffe einfach durch die Decke ziehen. Die Wände wurden mit Platten aus Teerpappe verkleidet, die fliesenartig geprägt und hellgrün mit weißen Fugen lackiert waren. Die gußeiserne Badewanne auf vier Füßen stellte der Installateur frei auf dem Linoleumfußboden auf. Das Waschbecken befestigte er an der Fachwerkwand. In der Küche unter dem Badezimmer wurden die

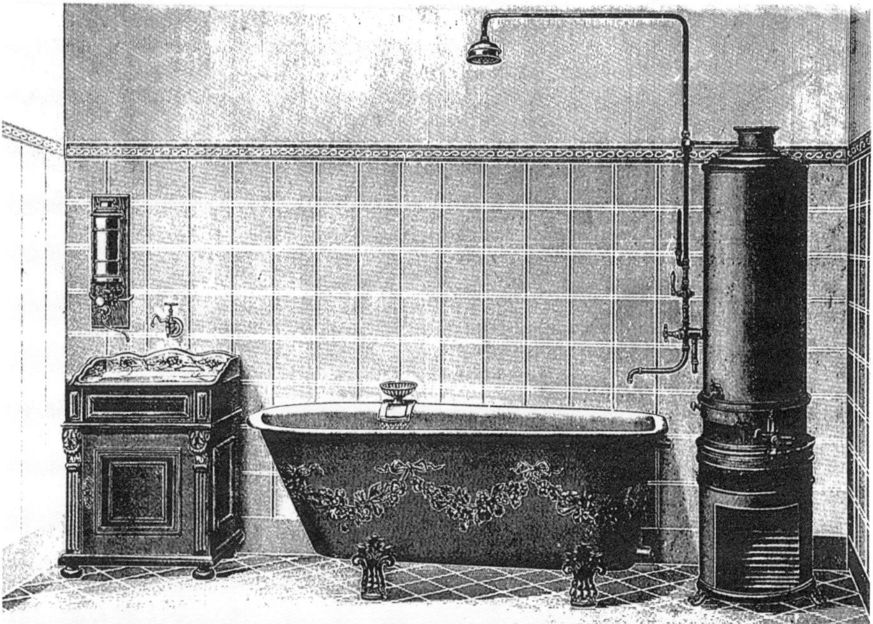

61 Vollständige Badezimmerausstattung, Katalog der Fa. Enders, Wien, um 1900

62 Badezimmer, 1957

Rohre durch einen Kasten aus Sperrholz verdeckt und tapeziert.

Mitte der 60er Jahre lief das Geschäft mehr schlecht als recht. Eine Bauunterhaltung unterblieb, an Modernisierungen war nicht zu denken, da das Geschäft keine großen Gewinne abwarf. Im Sommer 1965 wurden jedoch die Fenster der Wohnräume zum Kirchplatz durch moderne Fenster ohne Sprossengliederung ersetzt, weil durch die großen Glasscheiben viel mehr Licht in die Räume kam. Gleichzeitig tapezierte man die Wände mit modernen Mustertapeten und belegte die Dielen mit Teppichboden. Als der Maler die Füllungstüren streichen sollte, empfahl er die Anbringung von dünnen Hartfaserplatten auf den Türblättern. Die Türen wären dann pflegeleichter und sähen auch zeitgemäßer aus. Alle hölzernen Bauteile im Inneren wurden mit weißer, hochglänzender Lackfarbe gestrichen, um die Räume hell und frisch wirken zu lassen. Als Verbesserung wurde auch der Einbau von Ölöfen betrachtet. Die alten Kachelöfen und die gußeisernen Kanonenöfen wurden abgebrochen. Das Alteisen holte der Schrotthändler ab.

63 Ölofen aus der Zeit um 1965 in einer Ofennische des späten 18. Jahrhunderts. Detmold, Lange Straße 69 (Fotografie 1986)

Bilder als Quellen der Baugeschichte

Längst vor Erfindung von Fotografie und elektronischen Bildwiedergabetechniken wurden Bauwerke bildlich dargestellt, das gilt auch für das Bauen selbst. Vielfach finden sich aussagekräftige Abbildungen als Hintergrund- und Randbeigaben künstlerischer Bildwerke des Mittelalters, etwa auf Altargemälden und in der Buchmalerei.

Soweit sich die Bauforschung mit städtischen Objekten beschäftigt, sind es vor allem die im 17. Jahrhundert entstandenen Stadtansichten von Matthäus Merian, Georg Rudolphi, Elias von Lennep

64 Historische Fotografie eines Adelshofes von 1681 mit originalem Aborterker an der linken Traufwand. Brake, Bahnhofstraße 19 (Fotografie 1936)

und andere, die einen Eindruck von der Baugestalt einzelner Häuser sowie deren Stellung im Stadtbild geben.

In den Beständen der Archive finden sich Pläne und Skizzen in Akten, die sich mit öffentlichen Bauten beschäftigen. Schon recht früh half man sich um umständliche Beschreibungen zu sparen, mit Handzeichnungen, die aus dem 16. Jahrhundert in unterschiedlicher Qualität auf uns gekommen sind. Im Zeichen entwickelter Vermessungstechniken weisen Pläne und Grundrisse seit Mitte des 17. Jahrhunderts zunehmend exakte Maßangaben und korrekte Details auf. Auch die im offiziellen Auftrag erstellten Karten und Stadtpläne können zumeist als zuverlässig gelten.

65 Historische Bauaufnahme, Zeichnung. Höxter, Hof Heisterman-von-Zielberg, Tillyhaus, Ansicht der Giebelseite in einer Zeichnung der Baugewerke-Schule, Höxter (1872)

Interessant sind Ansichten aller Art, wie sie seit etwa 1700 in den Bauakten häufiger werden. Zeichnerische Entwürfe von geplanten Gebäuden liegen mehrfach aus dem 18. Jahrhundert vor und nehmen mit den Architektenwettbewerben des 19. Jahrhunderts sprunghaft zu.

Neben diesen archivalisch überlieferten Zeichnungen kommt den künstlerischen Bildwerken weiterhin ein hoher Zeugnischarakter zu. Selbst wenn für eine künstlerische Wiedergabe vorrangig ästhetische Kriterien ausschlaggebend und daher Quellenkritik und »künstlerische Freiheit« zu berücksichtigen sind, können Aquarellen und Federzeichnungen des 18./19. Jahrhunderts vielfach wertvolle Hinweise auf frühere Bauzustände entnommen werden.

Seit der zweiten Hälfte des 19. Jahrhunderts entwickelt sich die Fotografie zum wichtigsten Mittel der Dokumentation vormaliger Bauzustände. Museen, private Sammler, Archive älterer fotografischer Betriebe und nicht zuletzt die Ämter für Denkmalpflege verfügen oft über hervorragende Bestände aus den 1920er und 30er Jahren, denen einzelne Baudetails zu entnehmen sind.

66 Historisches Foto als Bildquelle. Detmold, Am kleinen Markt, Haus Landgraf. Der Brunnen und die Petroleumlampen im Schaufenster sprechen dafür, daß es zum Zeitpunkt der Aufnahme weder Wasserleitungen noch Elektrizität in der Stadt gab (Fotografie um 1900)

Endlich: Neues Bewußtsein für alte Häuser

Auch in Weserbrück brachten die späten 70er Jahre unseres Jahrhunderts ein neues Bewußtsein im Umgang mit alten Häusern. Schon 1974 hatten sich der Kunsterzieher Uwe Ortmeier von der Hauptschule vor dem Ostertor und der neue Pastor Christian Bierbaum zusammengefunden: Beide hatten ein kleines altes Haus an der Stadtmauer erworben und beabsichtigten, sie in Eigenarbeit umzugestalten. Darüber hinaus lasen und diskutierten sie viel bei selbstgebackener Pizza und Rotwein über die »Unwirtlichkeit unserer Städte« und was man dagegen tun könnte. Bald traf man sich auch im größeren Kreis mit Freunden und interessierten Kollegen und stellte fest, daß die Erhaltung historischer Bausubstanz auch in Weserbrück dazu beitragen könnte, die Umwelt lebenswerter zu machen. Im Denkmalschutzjahr 1975 gab es erstmals einen Info-Stand auf dem Marktplatz und einen Diavortrag des Denkmalpflegers im Gemeindesaal. Schnell wuchs die Gruppe jetzt und etablierte sich schließlich 1976 als Bürgerinitiative »Altbau Weserbrück«. Die Mitglieder halfen einander nicht nur durch Adressen- und Erfahrungsaustausch, sondern es gab auch tatkräftige Hilfeleistung bei den eigenen Sanierungsprojekten. Mehr und mehr setzte sich jedoch die Erkenntnis durch, daß historische Bauten zuallererst fachkundig untersucht und durch Bauforscher begutachtet werden müßten. Christian Bierbaum hielt für die Gruppe engen Kon-

takt zum Denkmalpflegeamt, mit dem es zuweilen auch Schwierigkeiten gab. Uwe Ortmeier und seine Tochter Annette organisierten die »Öffentlichkeitsarbeit« und schrieben regelmäßig Artikel für die regionalen Zeitungen. Nach Abschluß ihres Studiums erarbeitete Annette im Rahmen einer Arbeitsbeschaffungsmaßnahme die Stadtgeschichte Weserbrücks, die 1986 als Buch erschien. Mit großer Besorgnis sahen die Mitglieder der Initiative, daß das Haus 1988 über einen Immobilienmakler an einen Hannoveraner Investor verkauft wurde.

Auf den Spuren alter Bautechniken

Die Denkmalbehörde wußte aufgrund der Untersuchung zur Stadtgeschichte, daß es sich bei dem Haus in der Langen Straße um eines der besterhaltenen Bürgerhäuser von Weserbrück handelte. Im Einvernehmen mit der städtischen Bauverwaltung strebte sie eine umfassende bauhistorische Untersuchung an. Auf diese Weise sollte vor Planungsbeginn eine Grundlage für alle späteren Umbauten geschaffen werden. Der Eigentümer beauftragte eine Gruppe freier Bauforscher, die für ihre gute Arbeit bekannt war. Zu der Gruppe gehörten Architekten, Bauhistoriker, Archäologen, Historiker und Restauratoren. Nach Abschluß der Untersuchung würde ein ausführliches Gutachten entstehen, das Ausgangspunkt für die weiteren Baumaßnahmen werden konnte.

Zur ersten Begehung des Hauses kamen fast alle Mitglieder des Bauforschungsbüros. Der Zustand des Gebäudes ließ hoffen, daß noch viel alte Bausubstanz vorhanden war.

Der Giebel der Hauptfassade trug eine Datierung von 1576. Die Inschrift an der Utlucht datierte diesen Anbau »Anno 1709«. Klar erkennbar war auch, daß die zweiflügelige Haustür aus stilistischen Gründen aus der ersten Hälfte des 19. Jahrhunderts stammen mußte. Ursprünglich hatte es an dieser Stelle ein Dielentor gegeben.

Ein Blick in die Kirchgasse links vom Haus zeigte, daß fast alle Gefache noch mit Lehm gefüllt waren. Die Oberfläche aus Kalkputz wies jedoch an vielen Stellen Schäden auf. Das Eichenholz erschien auf den ersten Blick ungestrichen und in recht gutem Zustand. In einigen Gefachen saßen Backsteine, die Fenster an dieser Seite waren nicht älter als 25 Jahre.

67 Diele eines Bürgerhauses des 16. Jahrhunderts im Umbauzustand des späten 19. Jahrhunderts. Hessisch Oldendorf, Lange Straße 60 (Fotografie 1989)

Die Bauforscher betraten nun das Haus, um vor Beginn der Dokumentation einen Überblick zu bekommen. Zuerst gelangten sie in den Hausflur, an dessen Stelle sich früher eine zweigeschossige Diele befunden haben mußte. Nach links betraten sie den ehemaligen Laden, in dem ihnen sofort eine rundbogige Ofennische ins Auge fiel, wie sie im 18. Jahrhundert üblich war. An der Rückwand des Ladens führte eine Tür in die Küche. Dort fand sich ein gemauerter Herd und ein lehmverstrichener Rauchfang – ein äußerst seltener Fund. Die Untersuchung der Wandanschlüsse und der Farbschichten würde gewiß ergeben, ob es sich gar um den Rauchfang der Erbauungszeit handelte.

Eine Tür, die durch einen offensichtlich jüngeren Schornstein etwas verstellt war, führte zurück in den Flur. Linker Hand wies ein schräggestelltes Sandsteingewände auf den Zugang zum Keller, den man schon in der Trauffassade erkennen konnte.

Der Gang rechts neben dem Keller führte in einen gekalkten niedrigen Raum mit einem eingemauerten Kessel: die alte Waschküche. Außerdem gab es zwei Räume, aufgrund der Tröge im Boden und der angegriffenen Wände als ehemaliger Stall erkennbar.

Im Obergeschoß betrachteten die Bauforscher zuerst die Zimmer zur Langen Straße. Hier fanden sie Fußböden in unterschiedlichen Höhen in der linken und rechten Hälfte des Hauses vor. Die Räume waren in den 60er Jahre schlicht tapeziert worden. Ein kleines Bad hatte man zwischen den beiden Räumen über dem Laden und der Küche eingerichtet. In den hinteren Teil des Hauses gelangten sie durch einen langen schmalen Flur. Im ersten Raum deuteten Tapete, Teppichboden und Ölofen auf eine Nutzung als Wohnzimmer. Alle Zimmertüren des Flures waren mit dünnen Platten benagelt, sie verbargen Füllungstüren aus der zweiten Hälfte des 18. Jahrhunderts. Am Ende des Ganges stießen sie auf einen Raum, der zuletzt als Abstellkammer genutzt wurde. Sowohl die Größe des Raumes als auch ein Absatz in Sitzhöhe legte die Vermutung nahe, es könne sich um einen früheren Abort gehandelt haben. Die Treppe zum Dachgeschoß wies erstaunlicherweise Verzierungen auf. Sie war höchstwahrscheinlich älter als die anderen und bei einem Umbau an diese Stelle versetzt worden. Das Geschoß über den Wohnräumen hatte man nur zum geringeren Teil ausgebaut. Nachdem sich die Bauforscher an das Halbdunkel gewöhnt hatten, sahen sie, daß das gesamte Holzwerk geräuchert war. Auch viele Lehmgefache waren verrußt. Hinter dem vorderen Giebel befanden sich zwei Kammern mit dünnen Fachwerkwänden. In der hinter dem Dach der Utlucht gelegenen Kammer wiesen starke Rußspuren auf die Nutzung als Räucherkammer hin. Im hinteren Teil des Hauses befanden sich vier Zimmer, die den Tapeten zufolge zuletzt in den frühen 50er Jahren bewohnt waren. Eine steile Treppe führte in das Dachwerk. Erkennbar war auf den ersten Blick ein einfach stehender Dachstuhl.

Am nächsten Tag begannen die Architekten mit dem Aufmaß, das ein klareres Bild der Baugeschichte vermitteln würde. Zunächst wurde das Meßraster auf der Fassade mit einer Nullinie festgelegt und an verschiedene Gebäudeteile übertragen. Um exakte Maße zu erhalten, hing man in regelmäßigen Abständen Lote auf. Balken für Balken, Gefach für Gefach wurde nun gemessen und gezeichnet. Jeder Holznagel, das Material der Gefachfüllung, erkennba-

68 Ofennische des 18. Jahrhunderts im Stubeneinbau der Renaissance. Hessisch Oldendorf, Lange Straße 60 (Fotografie 1989)

re Baufugen, aber auch Bauschäden hielten die Zeichner fest.

Das Aufmaß setzte sich aus Grundrissen, Ansichten, Längsschnitt, Querschnitten und Baudetails zusammen. Nach der Fertigstellung der Reinzeichnungen erfolgte die Auswertung der Pläne. Außerdem folgten noch weitere Arbeiten: Die Restauratoren untersuchten Wand für Wand, Raum für Raum auf ihre Tapeten-, Farb- und Putzschichten, die sie an verschiedenen Stellen freilegten. Vor allem die Ausstattung der beiden Räume direkt über dem Keller war sehr interessant. Auf den Wänden wurde eine aufwendige Bemalung nachgewiesen. Sie sollte in größeren Flächen freigelegt werden. Die Farbigkeit der Fassade sollte später untersucht werden, sobald ein Gerüst zur Verfügung stand. Am rechten Traufengang, in dem nur das erste Gefach gestrichen worden war, hatten sie Spuren älterer Farbschichten gefunden.

Nachdem das Baugefüge des gesamten Hauses geklärt war, sollten zur Datierung die Fällungsdaten einiger Eichenhölzer er-

69 Badezimmer der Zeit um 1950. Im Vordergrund ein Fassadenständer mit Beschlagwerkschnitzerei aus der Zeit um 1610 in Zweitverwendung. Detmold, Lange Straße 55 (Fotografie 1991)

70 Aufmessen im Dachwerk (Fotografie 1990)
71 Rußgeschwärzte Hölzer im sogenannten Speicherstock. Hessisch Oldendorf, Lange Straße 60 (Fotografie 1989)

72 Gefachmalereien von 1572 unter einem Lehmputz des 18. Jahrhunderts. Rinteln, Weserstraße 18, Längswand des Saalbaus (Fotografie 1992)

mittelt werden. Einer der Restauratoren entnahm die Bohrkerne an den Stellen, wo erfahrungsgemäß am ehesten brauchbare Ergebnisse zu erwarten waren. Proben wurden von der Kellerdecke, von den Längswänden in der Diele, aus den Dekkenbalken und aus den Sparren entnommen. Bei einigen Umbauten war erkennbar älteres Bauholz wiederverwendet worden, das ebenfalls datiert werden sollte. Das Ergebnis der dendrochronologischen Untersuchung ergab eine tatsächliche Übereinstimmung mit der inschriftlichen Datierung auf 1576. Umbauten konnten auf die Jahre 1618 und 1777 datiert werden.

Die Vermutung, daß der Bruchsteinkeller noch von einem Vorgängerbau stammte, sollte mit Hilfe der Archäologie geklärt werden.

Im Grabungsschnitt vor dem ehemaligen Kellerzugang fand sich unter dem im 20. Jahrhundert aufgebrachten Zementestrich zunächst eine Verfüllung mit Bauschutt, Bruchstücken von Dachziegeln, Glas- und Keramikscherben. Danach legten die Archäologen Teile eines Sandsteinbodens frei: Reste eines Fußbodens aus dem 16. Jahrhundert. Darunter befand sich erstaunlicherweise ein weiterer Fußboden aus gestampftem Lehm.

Bei der zweiten Grabung im Inneren des Kellers fanden sie bald den Kellerfußboden, der sich auf die Treppe von 1576 bezog. Es war ein Lesesteinfußboden in Lehm verlegt. Wie vor dem Keller befand sich auch hierunter eine Stampflehmschicht, die Scherben von Keramikgefäßen enthielt. Diese konnten in die Zeit um 1200 datiert werden und boten damit einen Anhaltspunkt für die Datierung des Kellers. Die Erkenntnisse der Grabungen bewiesen, daß der Keller Bestandteil eines älteren Gebäude gewesen sein mußte.

Bei einer Sondierungsgrabung im Hof wurden ein Brunnen sowie die Fundamente eines Gebäudes angeschnitten. Neben den Fundamentmauern stieß man auf eine Kloake, aus deren Verfüllung Keramikscherben geborgen werden konnten. Sie stammten ausschließlich aus dem späten 16. und dem 17. Jahrhundert. Der Schluß lag somit nahe, daß es sich um den zum Haus gehörenden Abort handelte. Da Aborte früher üblicherweise im Stall untergebracht waren, konnte auch die Nutzung des abgebrochenen Gebäudes geklärt werden.

73 Entnahme eines Bohrkerns aus der Schwelle eines Fachwerkhauses für eine Bestimmung des Fälldatums (dendrochronologische Untersuchung). Höxter, Nagelschmiedestraße 16, Saalteil (Fotografie 1988)

Während Bauforscher, Architekten, Archäologen und Restauratoren im Hause selbst arbeiteten, beschäftigte sich die Historikerin mit den Schriftquellen. Einiges war in der Untersuchung zur Stadtgeschichte schon veröffentlicht worden. Doch auch im Stadtarchiv fand sie weitere Hinweise auf die Bewohner des Hauses und die sich wandelnde Nutzung. In den Bauakten der Stadtverwaltung waren wesentliche Umbauten aus den vergangenen 100 Jahren verzeichnet. Der Anschluß an die städtische Wasserleitung, der Ladeneinbau und die Kanalisation waren den Bauakten zu entnehmen. Zu Umbauten vor 1871 waren jedoch keine Bauakten vorhanden, da erst in diesem Jahr die preußische Verwaltung eingeführt worden war. Im Zusammenhang mit den Baubefunden, die durch die Bauforscher und die Restauratoren dokumentiert wurden, waren die Schriftquellen für die Nutzungs- und Bewohnergeschichte hilfreich.

Aufmaß, Baualtersplan und Schadensanalyse

Als erster Arbeitsschritt zur Erforschung eines Gebäudes sind möglichst exakte Zeichnungen der vorhandenen Bausubstanz notwendig. Vor Ort werden maßstabsgerechte Zeichnungen des Bestandes angefertigt, die Grundlage für alle späteren Arbeiten sind. Auf ihnen kann die genaue Lage besonderer Befunde gekennzeichnet werden.

Im Baualtersplan werden alle Bauteile, die zu einer Umbauphase gehören, in einer Farbe markiert. Exakt datierte Bauteile und ihr direkter baulicher Zusammenhang können einer Bauphase zugeordnet werden. Für die Beurteilung, welche Bauteile erhalten werden müssen, sollten oder könnten ist ein Baualtersplan ein wichtiges Hilfsmittel. Auch für die Arbeit des Architekten und der Denkmalpflege ist die genaue zeitliche Einordnung aller Bauteile wichtig, um eine Entscheidung über die zukünftige Gestaltung und Nutzung zu fällen.

Gleichzeitig mit der Aufnahme der historischen Bausubstanz können Bauschäden kartiert und ihre Ursachen untersucht werden. Dabei kann sich herausstellen, daß ein Schaden schon vor langer Zeit aufgetreten ist und damals schon behoben wurde. Durchhängende Balken können z.B. schon zu einem früheren Zeitpunkt wieder abgefangen worden sein, so daß nicht unbedingt neue Arbeiten vorgenommen werden müssen. Die exakte Kartierung der Schäden und die Ermittlung der jeweiligen Ursachen dient sowohl als Grundlage für die Reparaturen wie auch zur Ermittlung der zu erwartenden Kosten.

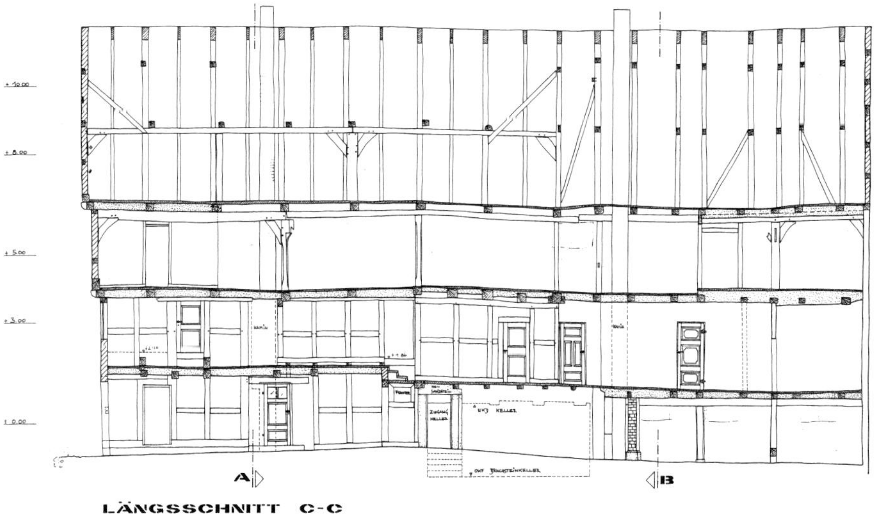

74 Aufmaßzeichnung, Bestand, Längsschnitt. Weserbrück, Bürgerhaus von 1576 (Aufmaß 1989)

75 Auskernung, nein danke!... Höxter, Papenstraße 11, nach Beseitigung des größten Teils der Bausubstanz und nahezu aller Befunde zur Baugeschichte (Fotografie 1991)

Nachwort

Verehrte Leserin, verehrter Leser,
Sie haben uns auf den Seiten dieses Buches durch ein Haus begleitet, durch seine Räume und durch die Jahrhunderte seiner Biographie. Sie haben den Handwerkern bei der Errichtung über die Schulter geschaut. Handwerkern, die in den ersten Jahrhunderten aus wenigen vorhandenen Grundmaterialien wie Stein, Holz, Lehm und Kalk ihre Werkstücke selbst fertigten und einbauten. Sie haben aber auch zugesehen, wie seit der Mitte des 19. Jahrhunderts in zunehmendem Maße vorgefertigte Materialien in das Baugefüge einsetzt wurden. Wenn auch die verwendeten Baumaterialien über Generationen die gleichen blieben, änderten sich konstruktive und gestalterische Einzelheiten. Erst in den vergangenen 100 Jahren veränderte eine ständig wachsende Flut an künstlichen und vorgefertigten Materialien das Bauwesen grundlegend. Schließlich konnten Sie die Bauforscher bei ihrer Arbeit begleiten, deren Forschungen die Grundlagen für dieses Buch sind.

»Und die Zukunft des Hauses?« werden Sie fragen. Sie liegt nicht mehr in der Hand der Bauforscher. Aber aus ihrer Kenntnis der Bausubstanz läßt sich die Chance zur Erhaltung der Lebens- und Arbeitsspuren der Geschichte entwickeln. Grundlage ist die feste Gewißheit, daß dies technisch ohne weiteres realisierbar, handwerklich durchführbar und mit modernen Wohnbedürfnissen gut in Einklang zu bringen ist.

Um ein solches Ziel zu erreichen, braucht man Bewohner und Eigentümer, die in den Eigentümlichkeiten eines durch die Geschichte geprägten Hauses einen Gewinn für ihr eigenes Leben sehen. Und man benötigt Handwerker, die alte Bautechniken kennen, die mit traditionellen und bewährten Baumaterialien umgehen können und wissen, wie man sie fachgerecht repariert. Dieses Ziel, für das bei jedem Haus neue, eigene Wege gesucht werden müssen, erfordert Architekten und Bauforscher, die die Spuren am Bau zu ›lesen‹ und zu deuten vermögen. Als Bewohner und Bauherr bei einem alten Haus ist man auf eine ständige Zusammenarbeit der Handwerker und Architekten mit Denkmalpflegern und Bauforschern angewiesen. Nur gemeinsam können Lösungen gefunden werden, die neue Nutzungen erfüllen und heutige Wohnbedürfnisse befriedigen können, ohne die historisch bemerkens- und bewahrenswerte Bausubstanz zu beseitigen. Immer wieder ist neben der Kenntnis alter Bautechniken und der Baugeschichte auch Phantasie gefragt, die aus den Vorgaben des alten Hauses und den neuen Wünschen unkonventionelle Konzepte entwikkelt, die manchmal auch weit weg vom durchschnittlichen Bauwesen heutiger Zeit sein können.

Unter der Überschrift »Anders planen, anders bauen, anders wohnen« finden Sie aber auch eine Übersicht über mögliche Arbeitschritte und Hilfestellungen bei der Grundlagenermittlung für die Zukunft eines alten Hauses.

Wir wüden uns freuen, Sie mit unserem gemeinsamen Gang durch das Haus und seine Geschichte neugierig gemacht zu haben auf alte Bauten in Ihrer persönlichen Lebensumgebung.

Anhang

Glossar – Erklärung einiger Fachausdrücke

Abbund	Das Anreißen, Bearbeiten und zusammenpassen der Fachwerkhölzer auf dem Zimmer- oder Abbundplatz.
Abort	Alte Bezeichnung für eine Toilette, ein Klosett vor Einführung der Wasserspülung, auch Abtritt, Heimlichkeit etc.
Anreißen	Das Anzeichnen von Holzverbindungen (Zapfen und Zapfenlöcher) durch Anritzen mit einem scharfen, spitzen Werkzeug.
Auslucht	Siehe Utlucht.
Ausfachung	Das zwischen die Holzteile einer Fachwerkwand eingebrachte Füllmaterial der Gefache. Siehe Zeichnung »Ausfachung«.

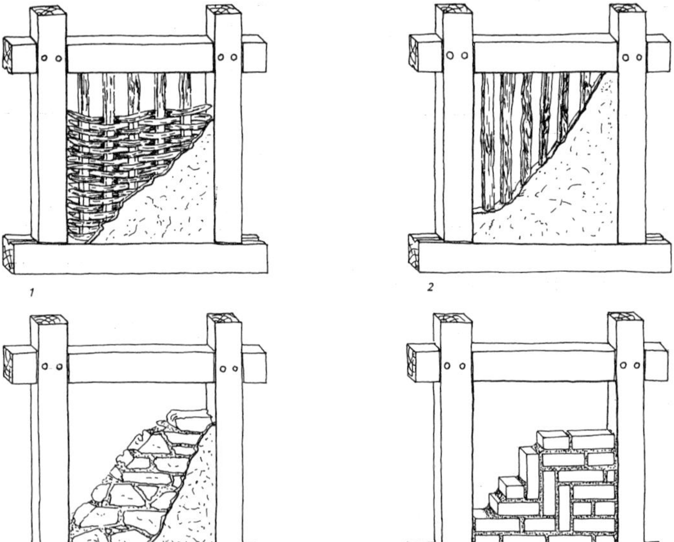

Ausfachungen:
1 Lehmflechtwerk; 2 Stakenwerk; 3 Bruchstein; 4 Ziegel

Balken — Waagerecht liegendes Deckenholz.

Balkenkeller — Steinerner Keller mit Balkendecke – im Unterschied zu Gewölbekeller.

Band — 1. Flache Eisenstreifen als Beschläge auf Türen oder Toren.
2. Kurzes Schrägholz zur Aussteifung einer Holzverbindung.
3. Schmaler, geschnitzer, gemauerter, in Stein gehauener oder gemalter Dekorstreifen auf Innen- oder Außenwände.

Beschlagwerk — Beliebte Ornamentform der Renaissance. Geschnitzt, gemalt oder in Stein gehauen erinnert das Ornament an mit Eisenbändern beschlagene Flächen.

Beschläge — Aufgenagelte oder aufgeschraubte Metallteile auf Türen, Fenstern und Möbeln wie Schlüsselschilder, Scharniere, Hängen, Bänder etc.

Bindemittel — Als Farbbindemittel dienen trocknende Flüssigkeiten, die aufgrund ihrer Bestandteile geeignet sind, Pigmentteilchen miteinander zu verbinden und auf der bemalten Fläche festzuhalten. Neben wässrigen Bindemitteln wie Leimen gibt es ölige wie Leinöl und harzige wie Dammarharz. Bestimmte Bindemittel können auch kombiniert werden. Die Mörtelbindemittel Lehm, Kalk und Gips sind in der Lage, die verschiedenen Zuschlagstoffe wie Sand, Kies, Strohhäcksel etc. einzubinden und zu einer festen Masse auszuhärten, welche auf verschiedenen Untergründen haftet.

Bleiruten — Besonders geformte (gezogene) Bleistreifen, welche, miteinander verlötet, die in Mustern angeordneten Scheiben bei sog. Bleiverglasungen einfassen und zusammenhalten.

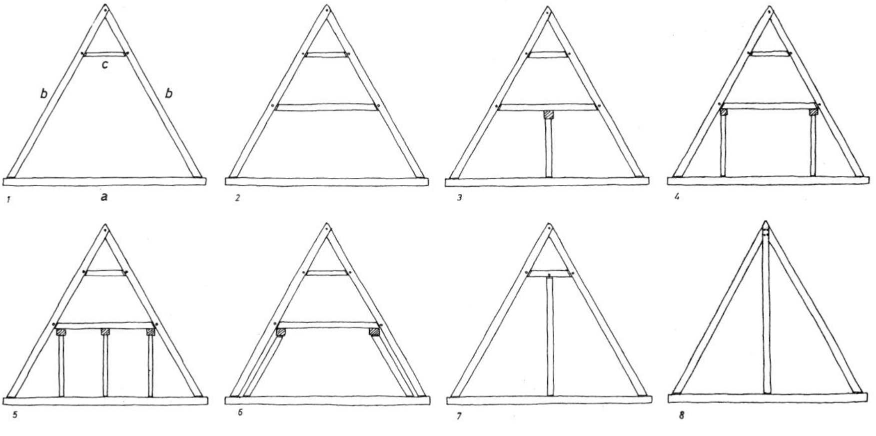

1 Sparrendach mit Hahnenbalken; 2 Kehlbalkendach; 3 mit einfach stehendem Stuhl; 4 mit doppelt stehendem Stuhl; 5 mit dreifach stehendem Stuhl; 6 mit liegendem Stuhl; 7 mit Hochsäule; 8 mit Spitzsäule
a Dachbalken; b Sparren; c Hahnenholz

Blendrahmen	Häufig verzierte Abdeckung der Fuge zwischen einer Tür oder einem Fenster und der umgebenden Wand. Landläufig als Tür- oder Fensterrahmen bezeichnet. Siehe Zeichnung »Tür«.
Bohle	Flaches breites Kantholz von etwa drei bis acht Zentimetern Stärke.
Bosse	Grob bearbeitete, rauhe oder besonders kräftig strukturierte Steinoberfläche.
Brett	Flaches breites Kantholz von geringerer Stärke als eine Bohle.
Brüstungsbohle	Besonders starke Bohle, die als Ausfachung in das sog. Brüstungsgefach unterhalb eines Fensters eingesetzt wurde. An der Außenseite meist beschnitzt.
Dachstuhl	Siehe Zeichnung »Dachstuhl«.
Dachwerk	Sammelbegriff für die Konstruktionsteile eines Daches: Balken, Sparren, Stuhl etc.
Diele	1. Gebräuchlich vor allem in Niederdeutschland für den Wirtschaftsbereich eines Hauses. 2. Brett für den Fußboden.
Estrich	Aus Kalk- oder Gipsmörtel, später auch aus Zementmörtel aufgebrachter und geglätteter Fußboden; entweder direkt begehbar oder als Unterboden für verschiedene Fußbodenbeläge.
Fach	Im Fachwerkbau das Wandstück zwischen zwei Wandständern, meist entsprechend dem Abstand von zwei Sparren im Dachwerk.
Fächerrosette	Beliebtes Renaissanceornament bei Stein- und Fachwerkbauten. Fächerförmige Halb- und Dreiviertelkreis-Rundung mit Muschel-, Blattwerk- oder anderer Ornamentik.
Fachwerkständer	Siehe Zeichnung »Fachwerk«.
First	Linie, die am oberen Zusammenschluß der beiden Dachschrägen entsteht.
Füllhölzer	Siehe Zeichnung »Fachwerk«.
Füllungen	Siehe Zeichnung »Tür«.
Fuß	Hier altes Längenmaß, das je nach Zeit und Ort seiner Gültigkeit eine Strecke von ca. 25 bis 30 cm bezeichnet.
Gewände	Rahmung einer Wandöffnung für ein Fenster oder eine Tür; oft durch Profile oder andere Ornamente verziert.
Gefach	Siehe Zeichnung »Fachwerk«.
Jagdzapfen	Siehe Zeichnung »Jagdzapfen«.
Kalkkasein	Chemische Verbindung von Kalk und dem in der Milch enthaltenen »Käsestoff«; dient als Leim, Farbbindemittel oder zur Mörtelverfestigung. Hergestellt aus Quark und Sumpfkalk.

Jagdzapfen

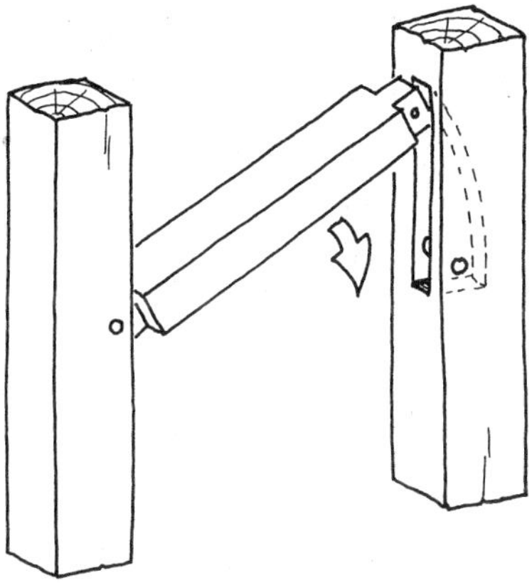

Kapitell	Der oberste, ausladende Teil (Kopf) einer Säule, eines Pfeilers oder eines Pilasters.
Kasein	Als natürlicher Käsestoff in der Milch enthalten. Für die Verwendung als Leim bzw. Bindemittel dient möglichst fett- und säurefreier Quark oder ein daraus hergestelltes Kaseinpulver. Das Kasein wird durch Alkalien wie z.B. Kalk oder Borax wasserlöslich gemacht und ist nach dem Trocknen wasserunlöslich.
Kleiber	Bezeichnung für einen Handwerker, der Lehm (verwandt mit »Leim«) verarbeitet, z.B. Gefache kleibt (verwandt mit »klebt«), mit Lehm bewirft. Die Kleiber waren der Maurerzunft zugeordnet, sofern eine solche existierte.
Kontor	Alte Bezeichnung für den Büroraum eines Handelshauses.
Kupfergrün	Auch Grünspangrün. Bezeichnung für ein künstliches Pigment, welches durch Behandlung von Kupfer mit Weinessig gewonnen wurde.
Lehmflechtwerk	Siehe Zeichnung »Ausfachung«.
Lehmsteine	Ungebrannte und deshalb nicht wasserfeste, backsteinförmige Quader aus Lehm, auch fälschlich als Lehmziegel bezeichnet.
Leimfarben	Farben, deren Bindemittel ein tierischer oder pflanzlicher Leim, z.B. Knochen- und Stärkeleim, ist.
Pigment	Farbpulver, das entweder aus natürlichen Vorkommen abgebaut (z.B. Grüne Erde) und zum Teil auch weiterbehandelt (z.B. Gebrannter Ocker), oder künstlich hergestellt wurde (z.B. Bleimennige). Pigmente mit einem Bindemittel vermischt ergeben eine Mal- oder Anstrichfarbe.
Nut	Längliche rillenartige Eintiefung an einem Holz z.B. zur Befestigung von Staken (siehe Zeichnung »Ausfachung«) oder an Brettern, die durch Nut und Feder verbunden sind (siehe Zeichnung »Nut und Feder«).

Sägegatter — Mechanisch durch Wasser- oder Motorkraft angetriebene Säge mit mehreren nebeneinandergesetzten Sägeblättern, durch welche ein Stamm in einem Arbeitsgang in mehrere Bretter zersägt werden kann.

Sparren — Siehe Zeichnung »Dachwerk«.

Speicherstock — Im niederdeutschen Bereich verbreitete Bezeichnung für das unterhalb des Dachwerks liegende Stockwerk eines städtischen Hauses – ursprünglich nicht zu Wohnzwecken, sondern als Lagerraum genutzt.

Staken — Siehe Zeichnung »Ausfachung«.

Ständer — Siehe Zeichnung »Fachwerk«.

Fachwerk

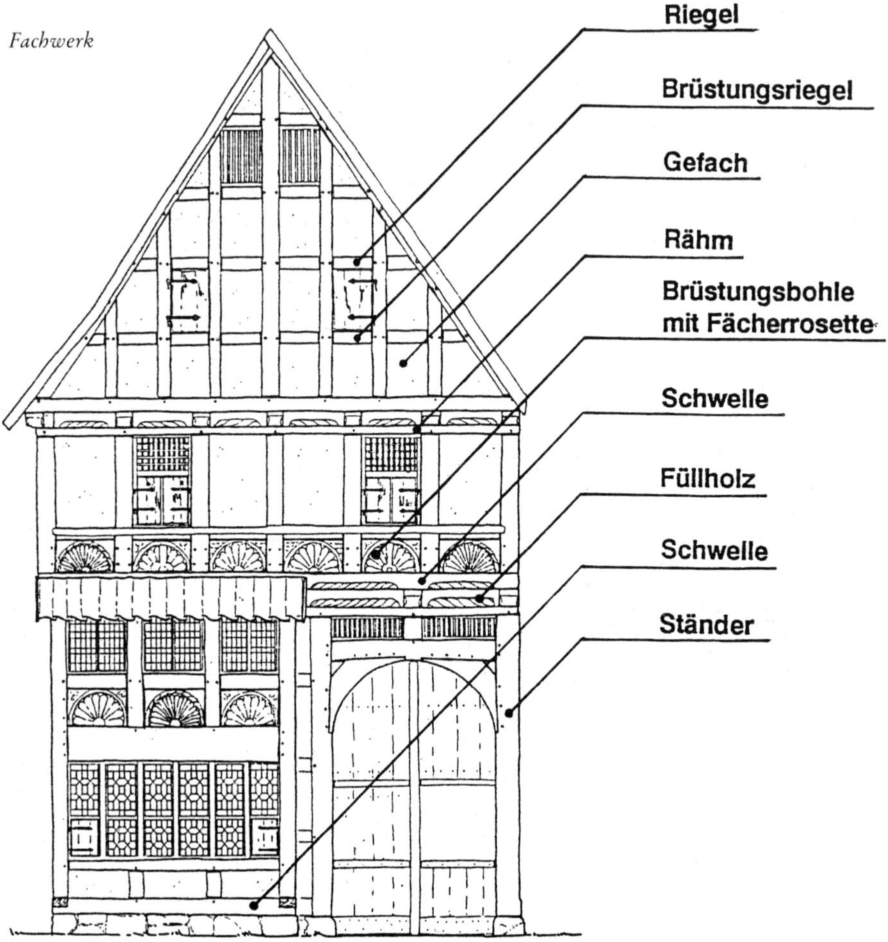

Tür

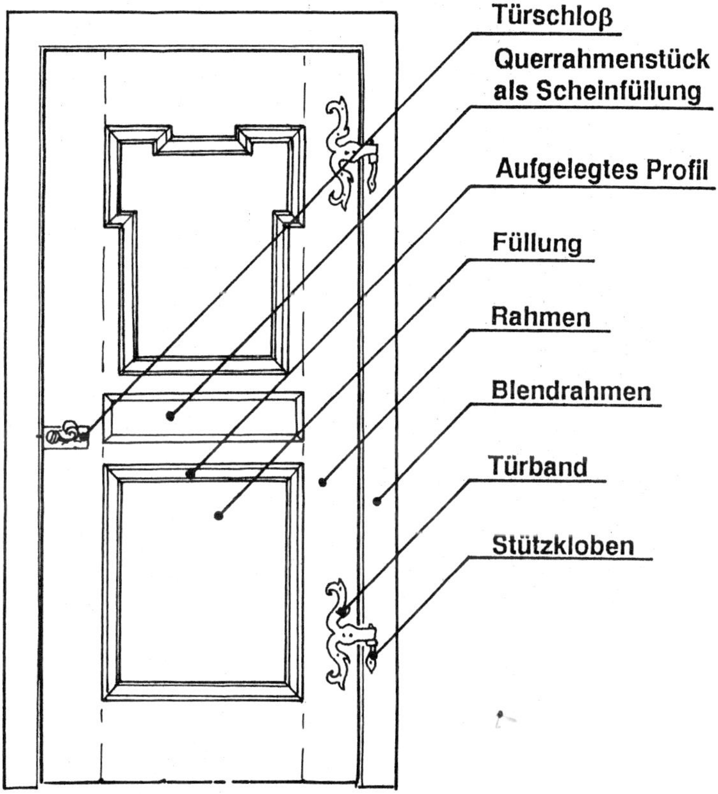

Tonpfannen	Bezeichnung für Dachziegel.
Traufgang	Der meist sehr schmale Gang zwischen zwei mit dem Giebel zur Straße stehenden städtischen Häusern.
Traufwand	Im Unterschied zur Giebelwand die Längswand eines Giebelhauses.
Türfutter	Siehe Zeichnung »Tür«.
Utlucht	Ein- oder mehrgeschossiger erkerartiger Vorbau, der im Gegensatz zu einem Erker jedoch auf dem Erdboden ansetzt.
Verputz	Auch einfach als Putz bezeichnete dünne, aus Lehm-, Gips-, Kalk- oder Zementmörtel bestehende, auf eine Wandoberfläche aufgetragene Schicht.
Wandhölzer	Sammelbegriff für die wandbildenden Hölzer einer Fachwerkwand – im Unterschied zu Deckenhölzern.
Zapfenloch	Siehe Zeichnung »Jagdzapfen«.

Zierausfachung	Bezeichnung für unverputzte Füllung von Gefachen mit in Mustern gesetzten Backsteinen.
Zirkulierofen	Bezeichnung für einen Ofen, welcher aus mehreren Etagen aufgebaut ist (auch Etagenofen), in denen Rauch und Wärme zirkulieren, bevor sie durch den Schornstein abziehen.
Zuschlagstoffe	Oft einfach als Zuschlag bezeichnete Beimischungen zu Mörtelgrundstoffen wie Gips, Lehm, Kalk oder Zement (auch zu Töpferton). Zuschlagstoffe dienen neben der Materialersparnis vor allem der Verbesserung der Mörteleigenschaften: Sie reduzieren die Schrumpfung, verhindern Rißbildungen oder steigern Härte und Wasserfestigkeit.
Zwischendecke	Unterteilung eines hohen Raumes durch eine nachträglich eingezogene Decke.
Zwischengeschoß	Oberes Geschoß in einem zweigeschossigen Einbau in einer Diele.

Die wichtigsten traditionellen Baustoffe und ihre Verwendung

Lehm

Natürlich vorkommendes Gemisch von Ton- und Sandbestandteilen, wird für die unterschiedlichen Bereiche im Bau mit verschiedenen Zuschlagstoffen in seinen Eigenschaften verändert.

Ungebrannt wird er verwendet für:
- Deckenfüllung in Form von mit Stroh und Lehm umwickelten Hölzern (Weller),
- Deckenfüllung als Schüttung,
- Gefachfüllung als Bewurf für Flechtwerk oder Staken,
- Gefachfüllung als luftgetrockneter Lehmstein,
- Mörtel,
- Putz,
- Stampflehm für massive Wände,
- Stampflehm als Bodenbelag.

Lehm hat eine sehr gute Wassertransportfähigkeit. Wegen der besonders guten Dampfdiffusionsdurchlässigkeit hat sich Lehm im Fachwerkbau zur Trockenhaltung des Bauholzes seit weit mehr als 500 Jahren bewährt. Er sorgt zudem für ein gutes Raumklima. Lehm hat bauphysikalisch nur einen einzigen Nachteil. Er ist nicht wasserfest und muß vor Schlagregen und Spritzwasser geschützt werden. Er ist leicht zu verarbeiten und beliebig oft wiederzuverwenden.

Gebrannt wird er verwendet für:
- Backstein,
- Dachziegel,
- Bodenfliesen.

Baustoffe aus gebranntem Lehm haben – wenn sie nicht versintert oder glasiert sind – eine gute Dampfdiffusionsdurchlässigkeit. Sie sind bei der Verwendung eines weichen Mörtels mehrfach wiederverwendbar.

Holz

Die Auswahl der Holzart für die Hauptkonstruktion geschah nach den regionalen Vorkommen, vorwiegend Eichen-, Kiefern-, Fichten- oder Tannenholz. Das besonders widerstandsfähige Eichenholz wurde, sofern vorhanden, für die der Witterung ausgesetzten Bauteile bevorzugt. Im Innenbereich wurde im Zuge der Holzverknappung auch in »Eichenregionen« zunehmend das schneller wachsende Nadelholz verwendet. Andere Holzarten wie Esche oder Walnuß wurden seltener, und wenn, dann für den Innenausbau verwendet. Bei Türen und Fenstern wurden die besonders gefährdeten Wasserschenkel noch bis ins 20. Jahrhundert aus Eiche gefertigt, während die übrige Konstruktion schon aus Nadelholz bestand. Unsere Vorfahren haben sehr auf konstruktiven Holzschutz geachtet, um sicherzustellen, daß kein Bauteil dauerhaft feucht bleibt.

Holz wurde für nahezu alle Bereiche des Bauens und Wohnens angewendet:
- Wandkonstruktion im Fachwerkbau, Blockbau etc.
- Dachwerke,
- Balkendecken,
- Wand- und Giebelverbretterungen,
- Schindelbehänge,
- Fußbodendielen,
- Türen und Tore,
- Fenster und Fensterläden,
- Treppen,
- Wandverkleidungen,
- Möbel und Geräte.

Naturstein

Die Verwendung von Naturstein wurde hauptsächlich von den regionalen Vorkommen bestimmt. Die verschiedenen Steinsorten unterscheiden sich jedoch in ihren bauphysikalischen Eigenschaften, ihrer Härte und Dauerhaftigkeit. Am häufigsten fanden die leicht zu bearbeitenden Sand- und Kalkgesteine Verwendung.
Je nach Eigenschaft und nach Art seiner Bearbeitung wurde Naturstein für verschiedene Zwecke verwendet:

- Bruchstein für Mauern und für Ausfachungen,
- Werkstein als Quader für Mauern, als Fenster- und Türgewände, für Sockel, Gesimse und als Bauschmuck,
- Dachdeckung (Sandstein- und Schieferplatten),
- Bodenbeläge.

Kalk

Kalk für den Hausbau wird aus gebranntem Kalkstein hergestellt, der gelöscht und dauerhaft mit Wasser bedeckt (eingesumpft) wird. Aus verschiedenen Ausgangsgesteinen werden unterschiedliche Kalksorten hergestellt.

Mit steigenden Sumpfzeiten ist Kalk für viele Bereiche beim Hausbau zu verwenden:
- Mörtel (Kalk und Sand, durch weitere Zuschlagstoffe und durch Auswahl bestimmter Kalksorten kann auch Wasserfestigkeit erreicht werden),
- Estrich (Kalk, Sand und Zuschlagstoffe wie Ziegelsplitt),
- Putz (Kalk, Sand, Tierhaare und eventuell Farbpigmente),
- Anstrich (reiner Kalk oder als Kalkkasein, um Waschfestigkeit zu erreichen, Farbpigmente nach Belieben).

Baustoffe auf der Grundlage von Sumpfkalk sind wasserdampfdurchlässig. Bei Arbeiten mit gebranntem Kalk ist Vorsicht geboten, da Kalk eine agressive Lauge ist. Das »Löschen« verlangt erhebliche Erfahrung. Bereits eingesumpfter Kalk auch der feineren Qualitäten für Putze und Anstriche ist jedoch im Handel zu beziehen.

Gips

Gips ist Gipsstein, der bei hohen Temperaturen gebrannt wurde. Durch verschiedene Brenntemperaturen werden verschiedene Gipssorten für unterschiedliche Zwecke hergestellt. Er wird verwendbar durch Einstreuen in Wasser. Er ist stark hygroskopisch, wasserdampfdurchlässig, gibt Wasser jedoch nur sehr langsam wieder ab.

Ausgehärteter Gips ist formstabil, schrumpft und quillt nicht, was sich je nach Verwendung als Vor- oder Nachteil erweist.

Für viele Bereiche im Bau wurde Gips gegossen oder geformt:
- Estrich (spezielle Gipssorte mit oder ohne Zuschläge),
- Putz (Bau- oder Putzgips, z.T. mit Zuschlägen),
- Stuck (Stuckgips, z.T. mit Zuschlägen),
- Mörtel (Baugips mit Zuschlägen).

Es gibt verschiedene Sorten Gips für unterschiedliche Zwecke. Bei der Auswahl sind die abweichenden Abbindegeschwindigkeiten zu beachten.

Metall

Eisen wurde bis zum 19. Jahrhundert als Werkstoff für Beschläge, Schlösser, Maueranker, Windeisen in Fenstern und für Nägel verwendet

Blei fand als Fensterrute für die Bleiverglasung und zum Einsetzen von Dübeln im Werkstein Verwendung.

Kupfer und Blei wurden in Form von Blechplatten als Dachdeckung für besondere Bauaufgaben verwendet.

Zinkbleche und verzinktes Eisenblech fanden seit dem 19. Jahrhundert im Hausbau vielfache Verwendung.

Anders planen, anders bauen, anders wohnen?

Nichts ist im alten Haus wie bei einem Neubau: abweichende Baumaterialien, verschiedene Deckenhöhen, andere Grundrisse. Unsere Vorfahren haben anders gebaut, in jeder Region unterschiedlich, je nachdem welche Materialien vorhanden waren und welche Lebensbedingungen sich entwickelt hatten. Deshalb sind alte Häuser auch anders zu reparieren. Ein Rezept, das für alle Häuser gelten könnte, kann es nicht geben. Eine ›Faustregel‹ kann allenfalls sein, daß man ein Haus genau kennenlernen sollte, bevor man ausbessert oder umbaut.

Anders planen heißt, daß man nicht wie beim Neubau am Zeichentisch die Entscheidungen über Grundriß und Konstruktion treffen kann. Auch die Materialien kann man nicht immer einfach kaufen. Der erste Schritt heißt Beschäftigung mit dem Vorhandenen, also mit dem Bestand:

- Welche Nutzung haben die Räume gehabt?
- Welche älteren Grundrisse sind festzustellen?
- Wie sind meine Nutzungswünsche mit dem Grundriß vereinbar?
- Welche Baumaterialien wurden verwendet?
- Wie wurden sie verarbeitet?

Wenn man sich Zeit für die Vorüberlegungen nimmt, kann man Geld sparen. Vielleicht lassen sich die Wünsche auf das Vorhandene abstimmen. Vielleicht bietet der alte Grundriß auch ganz eigene Reize, die ›am grünen Tisch‹ so nicht enstanden wären. Fest steht in jedem

Falle, daß Dinge, die man unverändert belassen kann, kein Geld kosten. Es ist teurer, ein Haus vollständig »umzumodeln« als die Wünsche auf das Haus einzustellen.

Anders bauen heißt zunächst, daß die Reihenfolge nicht »Ausschachten, Fundament, Rohbau, Innenausbau« lautet, sondern »Reparatur des Bestandes, Verbesserung und Modernisierung in notwendigen Bereichen«. Bei der »Reparatur des Bestandes« muß zunächst der Schaden genau festgestellt werden, um dann eine Lösung dafür zu finden, die langfristig die Erhaltung des Hauses ermöglicht und die Wohnqualität steigert. Wenn man für die Reparatur die gleichen Materialien und die gleichen Techniken verwendet, geht man bauphysikalischen Problemen aus dem Wege. Unsere Ergänzungen, Reparaturen und Stützkonstruktionen sollen Rücksicht nehmen auf das Original, das wir der Nachwelt erhalten wollen.

»Verbesserungen und Modernisierungen« gehören selbstverständlich auch zur Nutzung eines alten Hauses. Hier kommt es aber auch auf das »wie« an. Unkonventionelle Lösungen, die auf die Altbausubstanz Rücksicht und Bezug nehmen, sind gefragt: Elektrische Leitungen müssen beispielsweise nicht unbedingt unter Putz durch 300 Jahre alte Wandmalereien gelegt werden. Man kann sie auch hinter einer besonderen Fußleistenkonstruktion unterbringen.

Wärmedämmung ist ein verständlicher Wunsch, auch aus Gründen der Energieeinsparung. Das heißt aber nicht automatisch, daß möglichst viel auch besonders gut ist. Manchmal ist die Wärmedämmung eines Fachwerkhauses mit Lehmgefachen gar nicht so schlecht, da führt schon eine Trockenlegung an der richtigen Stelle zu einer Verbesserung des Dämmverhaltens der ganzen Wand. Zu überlegen ist auch, ob unsere Vorfahren nicht einen guten Vorschlag zur Energieeinsparung gemacht haben, indem sie im Winter weniger Räume intensiv nutzten als im Sommer.

Historische Fenster mit profilierten Rahmen, altem Glas und verzierten Beschlägen müssen nicht verschwinden. Sie können mit einem kostengünstigen zweiten Fenster von innen sogar bessere Wärmedämmwerte erreichen als ein Isolierglasfenster. Diese Lösung erfüllt die Wünsche des Bauherrn und der Denkmalpflege: Der Wunsch nach Wärmedämmung wird erfüllt und zugleich bei geringeren Kosten auch das erhaltenswerte Fenster im Haus belassen.

»Die richtige Lösung an der richtigen Stelle« braucht Planer, die sich im historischen Baugwesen auskennen, sich auf alte Baumaterialien und alte Bautechniken verstehen und die sehr viel Phantasie aufbringen, um moderne Wohnbedürfnisse mit dem Baubestand in Einklang zu bringen. Das ist durchaus möglich, wie immer mehr Häuser beweisen, bei denen mehr erhalten wird als nur die schöne Fassade.

Anders wohnen heißt auch, daß man andere Raumgrößen und Deckenhöhen vorfindet als im Neubaugebiet. Eine hohe Diele als Zentrum des Hauses kann im Konstrast zu niedrigen Decken in den historischen Schlafkammern stehen. Aber darin besteht ja der Reiz des »Wohnens mit Geschichte«. Anders Wohnen kann aber auch »gesünder wohnen« heißen: zumindest dann, wenn das alte Haus nicht mit Wohngiften in »Holzschutzmitteln« oder anderen scheinbaren Segnungen des Fortschritts belastet wurde. Im Normalfall sind alte Häuser baubiologisch einwandfrei. Wenn man die gleichen Baumaterialien wieder aufgreift, bleiben auch die Qualitäten erhalten. Auf die ökologischen Aspekte traditioneller Baumaterialien sei nur am Rande hingewiesen. Bauholz ist ein nachwachsender Rohstoff

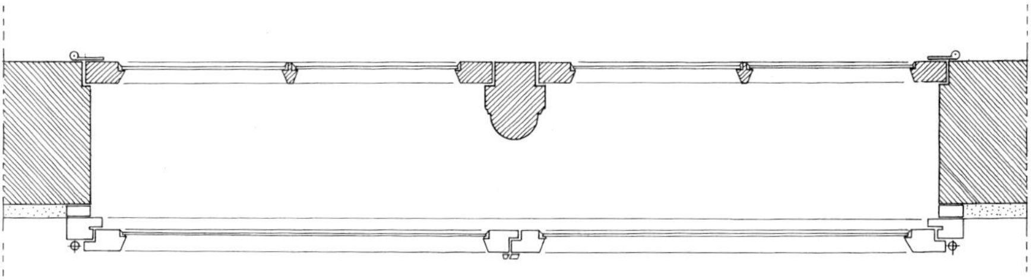

Kastenfenster: Neues Innenfenster aus Holz. Itzehoe, Sandberg 44

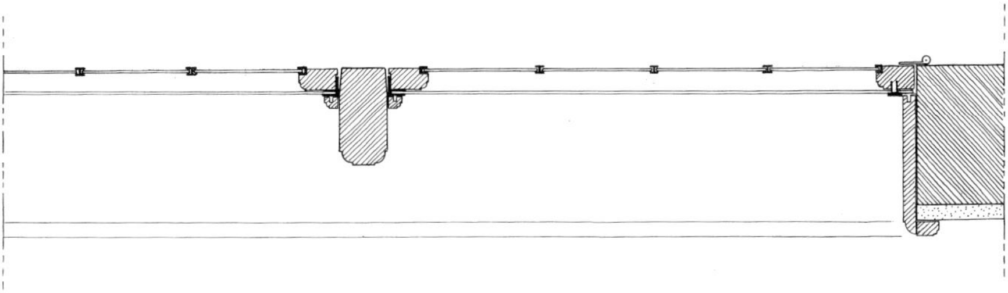

Verbundfenster: Neue Innenflügel als Ganzglaskonstruktion am historischen Fenster. Krempe, Rathaus

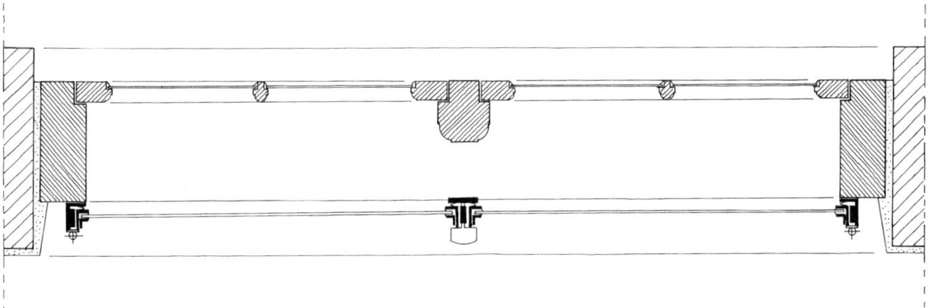

Kastenfenster: Neues Innenfenster aus Stahl. Bad Bramstedt, Torhaus, Bleeck 16

76 Zur Erhaltung historischer Fenster bei gleichzeitiger Erfüllung der Wünsche nach Wärmedämmung gibt es verschiedene Möglichkeiten. Bei einem zusätzlichen Fenster innen (Kastenfenster) wird das erhaltenswerte Originalfenster am wenigsten beeinträchtigt. Alle Varianten – jeweils für ein spezielles Bauwerk entwickelt – wurden realisiert (Umzeichnungen nach Entwürfen der Architektengruppe Plandreieck)

und Lehm in großem Maße verfügbar, für dessen Anwendung ein geringer Einsatz an Primärenergie nötig ist. Darüberhinaus wurden nicht nur diese beiden besonders beliebten traditionellen Baumaterialien mehrfach wiederverwendet. Außerdem können sie schadensfrei entsorgt werden. Zementhaltiger Bauschutt hingegen wird in verschiedenen Bundesländern als Sondermüll klassifiziert.

Nutzen der Bauforschung

Nutzen für den Eigentümer:
Durch die Bauforschung vor Planungsbeginn erhält der Besitzer eines Altbaus – sei das Haus nun denkmalgeschützt oder nicht – eine ganze Reihe von Vorteilen. Unwägbarkeiten in der Planung oder bei der Abstimmung mit Behörden können vermieden werden. Besonders interessant ist es aber auch, daß historische Raumgestaltungen aufgenommen und als Anregungen für neue Innendekorationen dienen können. So entstehen individuelle und außergewöhnliche Räume. Gründliche Voruntersuchungen machen aber auch die späteren Baukosten kalkulierbar und helfen, sie deutlich zu senken.

Nutzen für das Gebäude:
Wenn das konstruktive und bauhistorische Gefüge eines Gebäudes vor Planungsbeginn bekannt ist, können die Restaurierungs- und Instandsetzungskonzepte von vornherein auf die vorhandene Substanz abgestimmt werden. Dadurch können folgenschwere Eingriffe reduziert werden. Historische Raumstrukturen oder -gestaltungen werden einbezogen und (kostensenkend) einfach erhalten. Durch die bauhistorische Voruntersuchung wird möglicherweise mehr von den charaktervollen Besonderheiten erhalten als wenn der Altbau einfach einem typischen durchschnittlichen Neubau angepaßt wird.

77 Ein Ergebnis der Bauforschung ist die Kenntnis früherer Bauzustände. Bürgerhaus in Weserbrück, zeichnerische Rekonstruktion des ursprünglichen Zustandes im Jahre 1576

Nutzen für den Architekten:
Wenn alle bautechnischen und historischen Details in ihrer Wertigkeit bekannt sind, kann der Architekt von vornherein dem Bestand angemessen planen. Im Normalfall sind die Bauaufnahmen des Bauhistorikers so exakt (»verformungsgetreu«), daß sie für alle späteren Dokumentations- und Planungsarbeiten verwendet werden können. Es sind darin konstruktive Besonderheiten, Verformungen, Baufugen und Bauschäden gut nachvollziehbar. Da sowohl die technischen wie gestalterischen, aber auch die historischen Elemente gleichermaßen schon zu Beginn bekannt sind, werden unliebsame Überraschungen vermieden. Unwägbarkeiten wie Baustops oder kostspielige Umplanungen wegen verspätet festgestellter Befunde können so im von vornherein ausgeschlossen werden.

Nutzen für die Denkmalpflege:
Sie will weder die Nutzung noch die Neugestaltung von Denkmalen verhindern, wie vielfach irrtümlicherweise behauptet wird. Durch ihre fachliche Beratung möchte die Denkmalpflege aber kurzfristige bzw. modische Lösungen verhindern, die das Denkmal in seinem Wert beeinträchtigen, durch eine nicht angemessene Nutzung das Denkmal überfordern oder durch eine unangemessene Materialwahl das Gebäude bauphysikalisch und gestalterisch zerstören. Für eine ausführliche Beratung ist die Denkmalpflege auf eine umfassende Bauforschung angewiesen, auf exakte Pläne, auf eine Bauphasenanalyse und eine umfangreiche Beschreibung von Bausubstanz und Baugeschichte.

Nutzen für die Wissenschaft:
Mit jedem untersuchten Gebäude wird das Wissen über Wohn- und Lebensformen, über Bautechnik und traditionelle Baumaterialen größer. Je mehr Gebäude gründlich untersucht werden, desto verläßlichere Aussagen können über die Architekturentwicklung einer Stadt, einer Region, eines Landes oder eines Bautyps gemacht werden.

Hilfe, ich habe ein altes Haus!

Viele Wege führen dazu, ein altes Haus wieder gut nutzbar und angenehm bewohnbar zu machen. Nur wenige dienen gleichzeitig der Erhaltung des Gebäudes. Beachtenswert erscheinen uns drei Schritte, wenn man sein Geld auch langfristig nicht vergeudet wissen will.

1. Schritt: Vorüberlegung/Orientierung

Denkmalpflege
Bei den zuständigen Denkmalpflegebehörden im Ort, im Kreis oder auf Landesebene kann man erfahren, ob das Haus unter Denkmalschutz steht, ob es eventuell unter Schutz gestellt werden könnte und in welchem Umfang Aussicht auf eine finanzielle Förderung des denkmalpflegerischen Mehraufwandes möglich ist.

Bibliotheken
Die Sichtung der Literatur zur Ortsgeschichte kann Aufschluß über frühere Bewohner und ihre Nutzungen des Gebäudes bringen. Auch Fachliteratur zu Fragen der Sanierung kann zu Rate gezogen werden.

Archive
In Kreis-, Stadt-, Staats- oder Familienarchiven können historische Ansichten oder Aktenbestände vorhanden sein.

Fotodokumentationen in Museen, Archiven und privaten Sammlungen
Ältere Bauzustände wurden bisweilen schon im 19. Jahrhundert fotografisch dokumentiert. Diese Fotos geben häufig Aufschluß über die jüngeren Entwicklungszustände der Baugeschichte.

Heimatpfleger/Bürgerinitiativen
In vielen Regionen gibt es Vereine und Verbände, die sich die Erhaltung historischer Bauten zum Ziel gesetzt haben. Diese Gruppen stehen in der Regel für Auskunft und Ratschlag zu fachgerechten Reparaturen zur Verfügung. Ihre Erfahrungen geben sie gerne weiter. Mitglieder überregionaler Vereinigungen – Interessengemeinschaft Bauernhaus und Interessengemeinschaft Baupflege (IGB), Arbeitskreis für Hausforschung (AHF) etc. – kann man in weiten Teilen Deutschlands ansprechen.

Ergebnis:
Kenntnis des Gebäudes, gezielte Auswahl von Bauforschern, Architekten und Handwerkern.

2. Schritt: Bestandsaufnahme/Planung

Bauforscher
Eine bauhistorische Bestandsaufnahme dient der Klärung der Baugeschichte eines Hauses. Sie ist Grundlage für die Entscheidung, welche Bauteile erhalten werden müssen, können oder sollten. Die exakten Zeichnungen eines Aufmaßes dienen aber auch als Ausgangspunkt für eine Schadensanalyse und eine spätere Planung.

Architekten
Eine bautechnische Bestandsaufnahme auf Basis der bauhistorischen Untersuchung ist der Beginn der Arbeit eines Architekten. Darauf aufbauend entwickeln sie ein denkmalpflegerisches Konzept, bei dem die Wohnbedürfnisse und Nutzungswünsche mit der erhaltenswerten Substanz in Einklang gebracht werden. Sinnvoll ist bei einem Altbau die Kooperation zwischen Architekten und Bauforschern von der Voruntersuchung bis zum Abschluß der Bauarbeiten.

Fachingenieure und Restauratoren
Für besondere Fragestellungen ist die gezielte Hinzuziehung von Fachleuten sinnvoll. Statiker mit speziellen Kenntnissen historischer Fachwerkgefüge können dabei ebenso zum Einsatz kommen wie Restauratoren zur Klärung früherer Farb- und Putzschichten im Zusammenhang mit der Baugeschichte und mit zukünftigen Gestaltungen.

Denkmalpflege
Das auf umfangreichen Voruntersuchungen basierende Konzept wird vor Baubeginn mit der Denkmalpflege abgestimmt. Auch während der Bauarbeiten steht sie immer wieder beratend zur Verfügung.

Ergebnis:
Umfassende Voruntersuchung und fundierte Planung.

78 Blick in die Diele eines Bürgerhauses von 1521 d/ 1585 d, bei dessen substanzschonender Instandsetzung sowohl die Erkenntnisse aus der Bauforschung einbezogen als auch historische Baumaterialien und Bautechniken verwendet wurden. Höxter, Stummrige Straße 21 (Fotografie 1991)

3. Schritt: Instandsetzung/Modernisierung

Handwerker

Arbeitsweisen und Ausbildung des Handwerks haben sich in den letzten 100 Jahren grundlegend gewandelt. Für eine fachgerechte Reparatur alter Bauteile braucht man Bauhandwerker, die auch mit traditionellen Materialien und Techniken umgehen können. Es gibt inzwischen wieder zunehmend Handwerker, die sich bewußt mit diesen Traditionen befassen. Diese für den Umgang mit Altbauten besonders qualifizierten Kräfte muß man jedoch rechtzeitig ausfindig machen und ansprechen.

Architekten

Es ist eine anspruchsvolle Aufgabe, ein historisches Gebäude schonend zu behandeln und dennoch neue Nutzungen zu ermöglichen. Die Architekten haben einerseits Substanzerhaltung und historische Techniken zu bedenken und die entsprechenden Handwerker auszuwählen. Andererseits wird vom Architekten ein hoher Kenntnisstand bei der Anwendung neuer Techniken zur Verwirklichung moderner Wohnbedürfnisse erwartet, die er dabei so behutsam in das Baugefüge einpassen soll, daß die erhaltenswerte Sustanz nicht gestört wird. Darüber hinaus erfordert die heutige Baugesetzgebung häufig unkonventionelle Lösungen, um die Erfüllung der gesetzlichen Forderungen auf das vorhandene Gebäude abzustimmen.

Ergebnis:

Angenehme Wohn- und Arbeitsverhältnisse in einer bauhistorisch aussagefähigen und einzigartigen Umgebung.

Einen optimalen Schutz Ihres Gebäudes vor unsachgemäßen Eingriffen und nicht fachgerechten Reparaturen können Sie erreichen, wenn die genannten Personen und Institutionen eng zusammenarbeiten. Wenn Sie die vorgeschlagenen Schritte in Ihre Vorüberlegungen einbeziehen, stellen Sie sicher, daß Sie das verfügbare Fachwissen genutzt haben, um das Beste für sich und Ihr Haus zu erreichen.

Institutionen und Vereinigungen in Nord- und Westdeutschland

Denkmalschutzbehörde

Die Adresse der zuständigen Denkmalschutzbehörde erfährt man bei der Gemeinde oder beim Kreis.

Denkmalpflege

Westfälisches Amt für Denkmalpflege, Salzstr. 38, Erbdrostenhof, 48143 Münster, Telefon: 0251/59101

Niedersächsisches Landesverwaltungsamt – Institut für Denkmalpflege, Scharnhorststr. 1, 30175 Hannover, Telefon: 0511/1081

Landesamt für Denkmalpflege Bremen, Sandstr. 3, 28195 Bremen, Telefon: 0421/3612502

Landesamt für Denkmalpflege Hessen, Schloß Biebrich/Westflügel, 65203 Wiesbaden, Telefon: 0611/69060; Außenstelle Marburg, Ketzerbach 10, 35037 Marburg, Telefon: 06421/67093

Vereinigungen

Arbeitskreis für Hausforschung e.V., Geschäftsstelle, Rheinland-Pfälzisches Freilichtmuseum, Postfach 18, 55560 Sobernheim, Telefon: 06751/3840

Interessengemeinschaft Bauernhaus e.V., Geschäftsstelle, Postfach 1251, 28859 Lilienthal, Telefon: 04792/7834

Eine Auswahl weiterführender Literatur

Altes Handwerksgerät. (Führer und Schriften des Rheinischen Freilichtmuseums und Landesmuseums für Volkskunde in Kommern, Bd. 20, hrsg. von Dieter Pesch). Köln 1981.

Archäologie und Chemie – Einblicke in die Vergangenheit. Berlin 1987.

Geoffrey Beard: Stuck. Die Entwicklung plastischer Dekoration. Herrsching 1983/ Neudruck Zürich 1988.

Konrad Bedal: Historische Hausforschung. Bad Windsheim ²1993 (Erstdruck: Münster 1978).

Berichte zur Haus- und Bauforschung. Schriftenreihe des Arbeitskreises für Hausforschung. Marburg 1991 ff.

Günther Binding, Udo Mainzer, Anita Wiedenau: Kleine Kunstgeschichte des deutschen Fachwerkbaues. Darmstadt 1975, ⁴1990.

Günther Binding und Norbert Nußbaum: Der mittelalterliche Baubetrieb nördlich der Alpen in zeitgenössischen Darstellungen. Darmstadt 1978.

Fachterminologie für den historischen Hausbau Fachwerk-Dachwerk. Hg. von Günther Binding und Anette Roggatz. 38. Veröffentlichung der Abteilung Architekturgeschichte des Kunsthistorischen Instituts der Universität Köln. Köln 1990.

Das deutsche Bürgerhaus. Begr. von Adolf Bernt, hg. von Günther Binding, Tübingen 1959ff.

Johannes Cramer: Handbuch der Bauaufnahme. Stuttgart 1984.

Johannes Cramer: Farbigkeit im Fachwerkbau. Befunde aus dem süddeutschen Raum. München/Berlin 1990.

Der neuzeitliche Installateur und Klempner. Ein Lehr- und Handbuch für die gesamte Gesundheitstechnik, für Gas-, Wasser-, Zentralheizungs-, Lüftungs- und Kühlanlagen und alle Arbeiten der Klempnerei. Hg. von Julius Rößler u.a., Nordhausen am Harz 1935.

Erfassen und Dokumentieren im Denkmalschutz (Schriftenreihe des Deutschen Nationalkomitees für Denkmalschutz 16). Berlin 1982.

Karl Friedrich: Die Steinbearbeitung in ihrer Entwicklung vom 11. bis zum 18. Jahrhundert. Augsburg 1932.

Christoph Gerlach: Fenster aus Westfalen. Zur Konstruktion und Entwicklung des Fensters im Fachwerkbau. (Schriften des Westfälischen Freilichtmuseums Detmold Bd. 5). Detmold 1987.

G. Ulrich Großmann: Der Fachwerkbau. Köln 1986.

G. Ulrich Großmann: Einführung in die historische Bauforschung. Darmstadt 1993.

Wilhelm Hansen und Herbert Kreft: Fachwerk im Weserrraum. Hameln 1980.

Jahrbuch für Hausforschung. Hg. vom Arbeitskreis für Hausforschung e.V., Münster 1950ff., Marburg 1988ff.

Hermann Janse und Dirk J. de Vries: Werk en merk van de Steenhouwer. Het Steenhouwersambacht in de Nederlanden voor 1800. Zwolle/Zeist 1991.

Fred Kaspar: Bauen und Wohnen in einer Alten Hansestadt. Zur Nutzung von Wohnbauten zwischen dem 16. und 19. Jahrhundert dargestellt am Beispiel der Stadt Lemgo. (Denkmalpflege und Forschung in Westfalen, Bd. 9). Bonn 1985.

Julius H. W. Kraft: Was wie machen? Instandsetzen und Erhalten alter Bausubstanz. Unter Verwendung von Beiträgen aus »Der Holznagel« 1973 bis 1989. Hg. von der Interessengemeinschaft Bauernhaus e.V. (IGB) und dem Niedersächsischen Heimatbund e.V., Kirchseelte 1992.

Eva Kuby: Mehr Licht. Mit künstlicher Beleuchtung leben. In: Beiträge zur Volkskunde und Hausforschung. Hg. von Stefan Baumeier und Kurt Dröge, Detmold 1992 (Schriften des Westfälischen Freilichtmuseums Detmold – Landesmuseum für Volkskunde/Beiträge, Bd. 5)

Lehm im Fachwerkbau (Führer und Schriften des Rheinischen Freilichtmuseums und Landesmuseums für Volkskunde in Kommern, Nr. 29). Köln 1986.

Franz Lerner: Geschichte des deutschen Glaserhandwerks. Schorndorf ²1981.

Tamara Leszner und Ingolf Stein: Lehmfachwerk. Alte Technik neu entdeckt. Köln 1987.

Materialien zur Kunst- und Kulturgeschichte in Nord- und Westdeutschland. Hg. vom Institut für Architektur-, Kunst- und Kulturgeschichte in Nord- und Westdeutschland beim Weserrenaissance-Museum Schloß Brake, Marburg 1991 ff.

Natursteinkonservierung. Internationales Kolloquium München 1984. (Arbeitshefte des Bayerischen Amtes für Denkmalpflege, Bd. 31). München 1985.

Oberflächenbehandlung bei Fachwerkbauten (Landschaftsverband Rheinland, Landeskonservator Rheinland, Arbeitsheft 42). Köln 1989.

Michael Petzet und Gerd Mader: Praktische Denkmalpflege. Stuttgart/Berlin/Köln 1993.

Abdul Razzak Thams: Altes Haus, was nun? Erhaltung, Pflege und Modernisierung alter Häuser. Itzehoe 1990, [2]1993.

Hans-Tewes Schadwinkel: Die Arbeit der Zimmerleute. (Schriftenreihe des Freilichtmuseums Sobernheim, Nr. 12). Sobernheim 1988.

Wolf Schmidt: Das Raumbuch. (Arbeitshefte des Bayerischen Landesamtes für Denkmalpflege, Bd. 44). München 1989.

Kurt Schönberg: Wandmalerei Innen und Außen. 2 Bde., Wiesbaden/Berlin 1988-1990.

Schriften des Weserrenaissance-Museums Schloß Brake. München/Berlin, 1989 ff.

A. Slinger, H. Janse, G. Berends: Natuursteen in Monumenten. Zeist/Baarn 1980.

Jürgen Soenke und Herbert Kreft: Die Weserrenaissance. Hameln 1964, [5]1986.

Gerd Spies: Technik der Steingewinnung und der Flußschiffahrt im Harzvorland in früherer Neuzeit. (Braunschweiger Werkstücke, Reihe B, Bd. 14). Braunschweig 1992.

Michael Sprenger: Bürgerhauser und Adelshöfe in Rinteln. Ein bau- und sozialgeschichtlicher Beitrag zur Entwicklung frühneuzeitlicher Hausformen. Universität Münster, Dissertation in Vorbereitung.

Heinrich Stiewe: Hausbau und Sozialstruktur in einer niederdeutschen Kleinstadt. Blomberg in Lippe zwischen dem 15. und 19. Jahrhundert. Phil. Diss. Münster 1993.

Peter Vierl: Putz und Stuck. Herstellen – Restaurieren. München 1984.

Wasser. Zur Geschichte der Trinkwasserversorgung in Bremen. Hg. von Rosemarie Pohl-Weber, Bremen 1988 (Hefte des Focke-Museums, Bremer Landesmuseum für Kunst- und Kulturgeschichte, Heft 80).

Marion Wohlleben: Konservieren oder Restaurieren? Zur Diskussion über Aufgaben, Ziele und Probleme der Denkmalpflege um die Jahrhundertwende. Zürich 1989.

Abbildungsnachweis

Zeichnungen:
Weserrenaissance-Museum Schloß Brake, Lemgo: Helmut Nikolay, Claudia Dornberger, Andrea Ernst: 12, 17, 74, 76, Glossar, Leporello

Fotografien:
Wilhelm Düstersiek (Album in der Lippischen Landesbibliothek, Detmold): 44 (Nr. 238); Wilhelm Düstersiek (Historische Bildersammlung, Institut für Lippische Landeskunde, Detmold): 45 (Nr. 285), 51 (Nr. 210), 55 (Nr. 277), 66 (Nr. 231)
Fred Kaspar, Telgte: 13
Tamara Leszner, Ingolf Stein, Diemelstadt-Wethen: 20
Sammlung Pecher (Historische Bildersammlung, Institut für Lippische Landeskunde, Detmold): 41
Märkisches Museum, Berlin: 49 (VII 60/443 W)
Niedersächisches Staatsarchiv, Bückeburg: 40 (C 1030)
Otto-Gaul-Archiv beim Weserrenaissance-Museum Schloß Brake, Lemgo: 1 (8352), 38 (8291), 48 (Glasplatte), 59 (4987)
Weserrenaissance-Museum Schloß Brake, Lemgo: G. Ulrich Großmann 8, 15, 23, 30, 52, 57, 63, 67, 70, 71, 73; Holger Reimers 7, 34, 42, 46-47, 50, 69, 72, 75, 78; Matthias Säck 18, 32, 33, 39, 53-54, 56, 70
Westfälisches Amt für Denkmalpflege, Münster: 10 (Originalzeichnung im Stadtarchiv Büren verbrannt), 14, 36, 64-65
Westfälisches Freilichtmuseum, Detmold, Landesmuseum für Volkskunde: 26-29

Reproduktionen:
Karl Baeumerth: Urbino – Nürnberg – Zierenberg. Eine Betrachtung zu Töpferdarstellungen des 16. und 17. Jahrhunderts. In: Hessische Heimat, Bd. 35, H. 3, 1985, S. 149, 107: 35
Günther Binding, Udo Mainzer, Anita Wiedenau: Kleine Kunstgeschichte des deutschen Fachwerkbaus. 2. erw. und veränderte Aufl. Darmstadt 1977: 11 (S. 11, Z 6: Herzog Johann von der Pfalz: Eyn schön nützlich büchlin und underweisung der kunst des Messens. Simmern, H. Rodler, 1531), 9 (S. 13, Z 7: Eygentliche Beschreibung aller Stände uff Erden. Frankfurt/Main 1568)
Renaissance im Weserraum, Kat. Brake 1989, Hg. von G. Ulrich Großmann, München/Berlin 1989, S. 140 (Schriften des Weserrenaissance-Museums Schloß Brake; Bd. 1): 6
G. Ulrich Großmann: Der Fachwerkbau, Köln 1987, S. 63: 37
Elektrifizierung in Westfalen. Fotodokumente aus dem Archiv der VEW. Hg. von Theo Horstmann, Hagen 1990, S. 108, Abb. 126: 60
Von der Schissgruob zur modernen Stadtentwässerung. Verf. von Martin Illi, Zürich 1987, S. 209: 61
Franz Lerner: Geschichte des Deutschen Glaserhandwerks. Schorndorf 1950. 2. Aufl. Schorndorf 1981, S. 189: 25
Kleine Eigenheime. Planen und Einrichten. Bearb. von Martin Mittag, Gütersloh 1957: 62
Hans Mummenhoff: Der Handwerker in der deutschen Vergangenheit. Köln 1924, S. 46, Abb. 45: 24
Der Dom zu Regensburg. Ausgrabung, Restaurierung, Forschung. Kat. Regensburg 1990, S. 199-202: 2-5
Wasser, Zur Geschichte der Trinkwasserversorgung in Bremen. Kat. Bremen 1989, S. 183, Kat. Nr. 100: 58

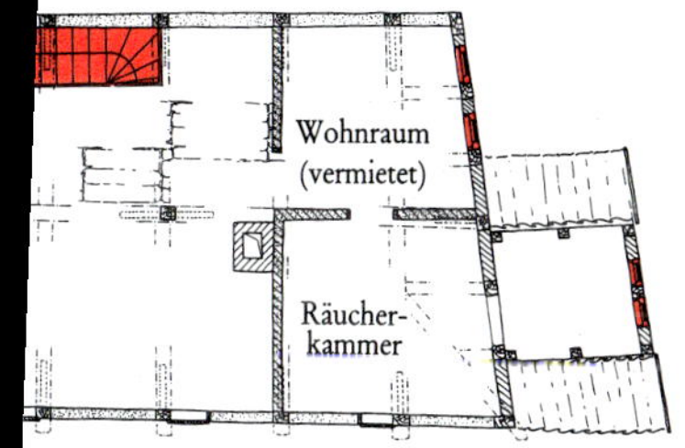

Speicherstock

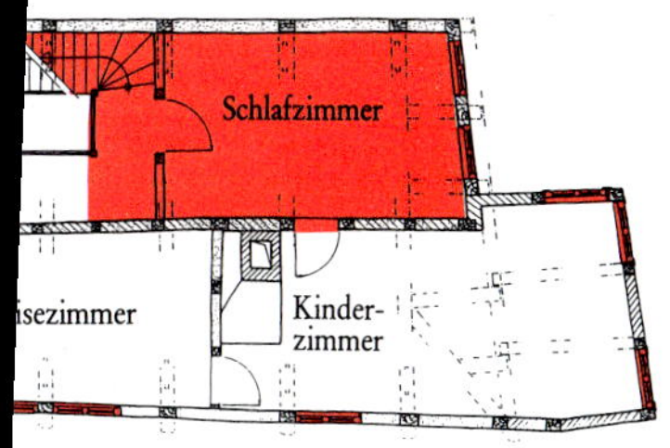

Zwischengeschoß

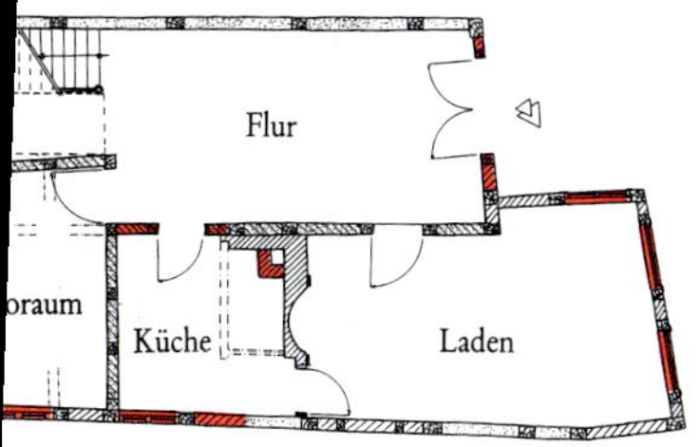

Erdgeschoß

Rekonstruktion des Zustandes im Jahre 1836:
Ansichten

Straßengiebel

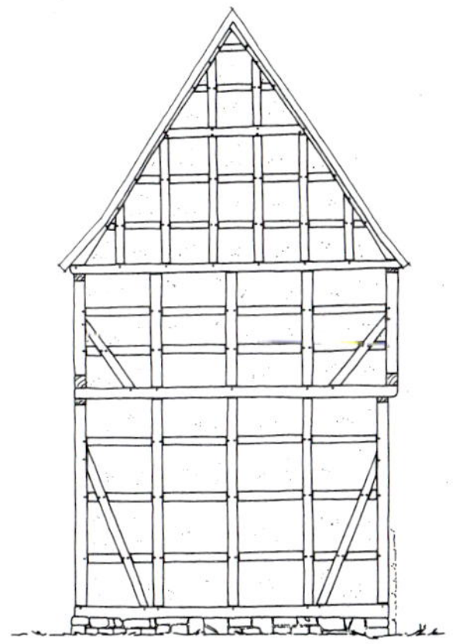

Rückansicht

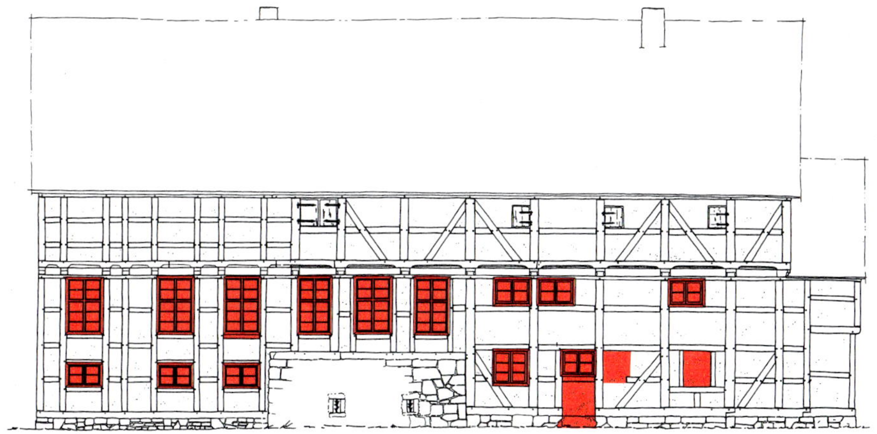

Ansicht vom Kirchplatz

Aufmaßzeichnungen des Bestandes 1989:
Grundrisse

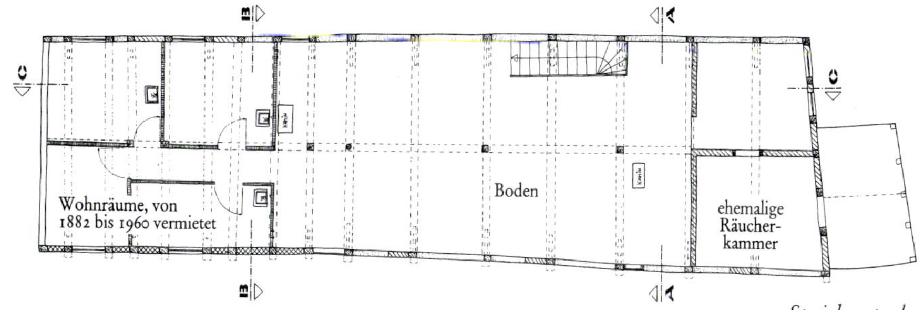

Speicherstock

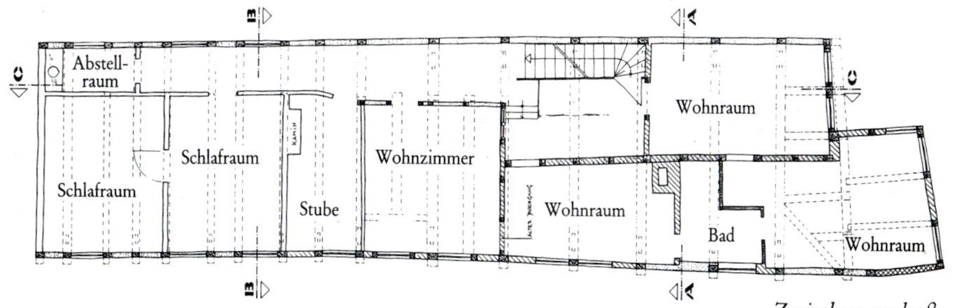

Zwischengeschoß

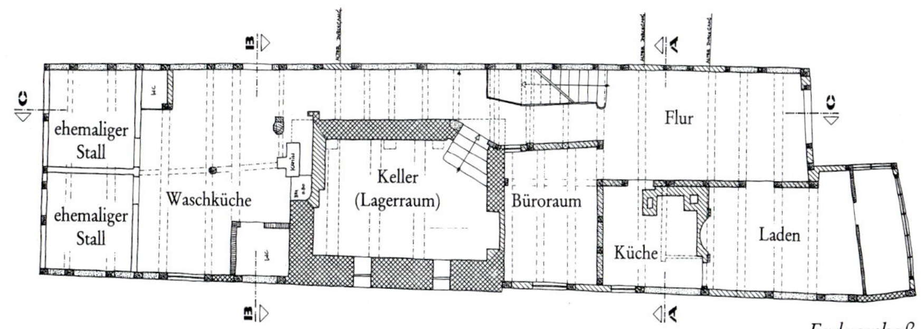

Erdgeschoß

Aufmaßzeichnungen des Bestandes 1989:
Ansichten

Straßengiebel

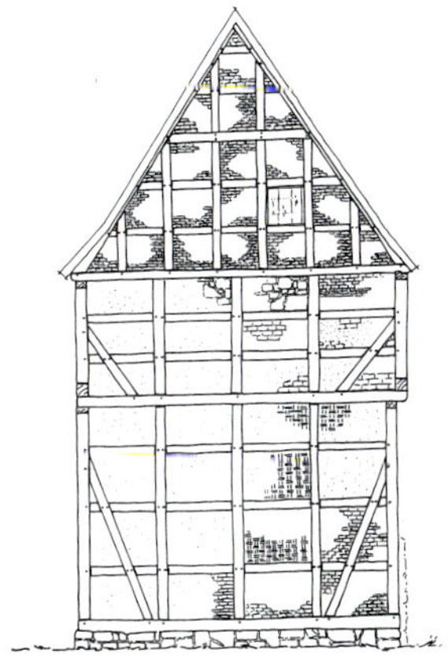

Rückansicht

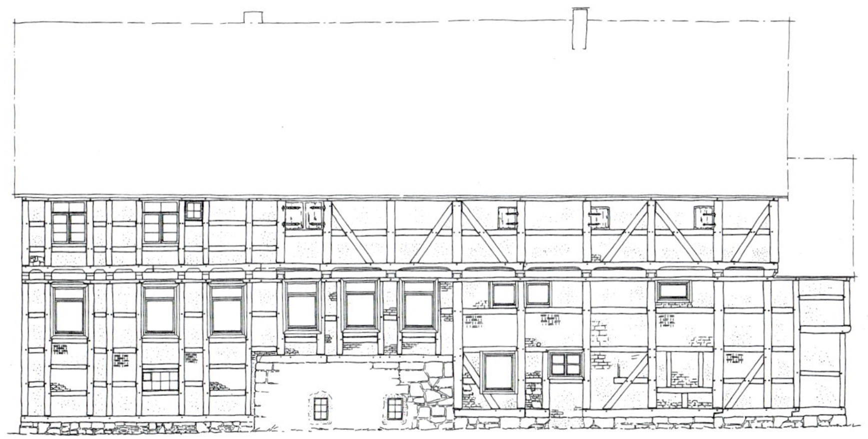

Ansicht vom Kirchplatz

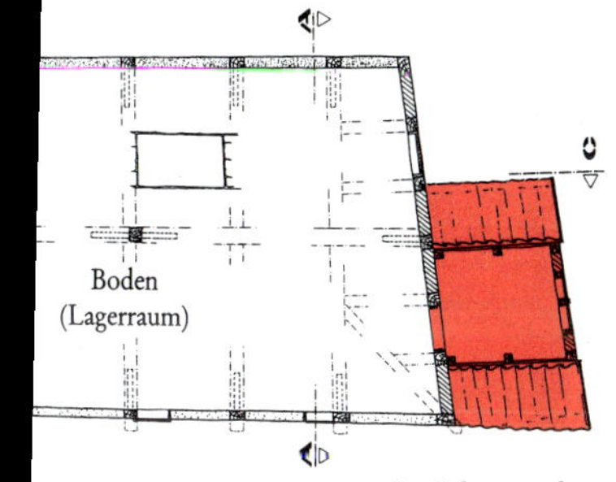

Speicherstock

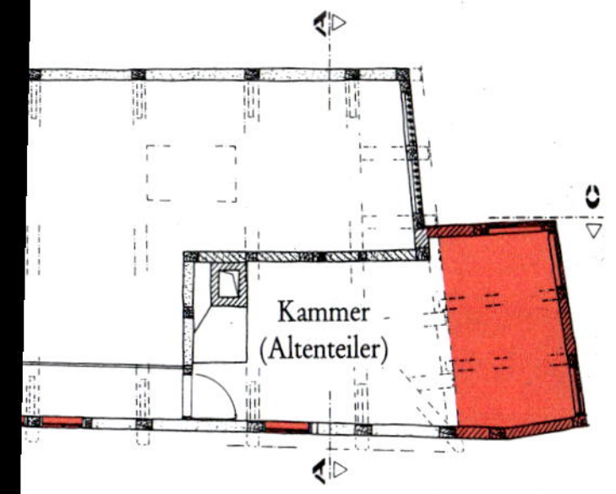

Zwischengeschoß

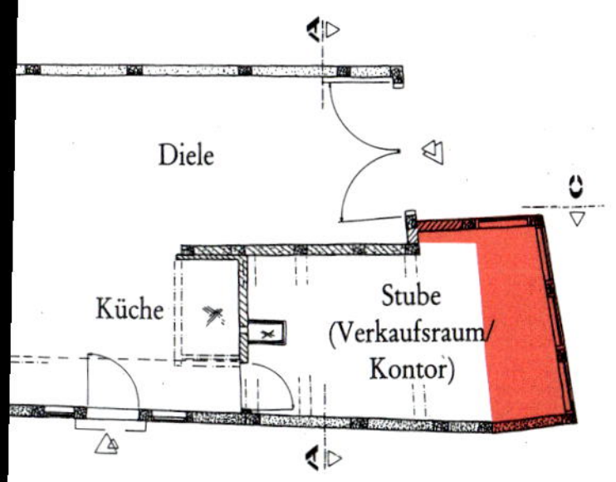

Erdgeschoß

Rekonstruktion des Zustandes im Jahre 1709: Ansichten

Straßengiebel

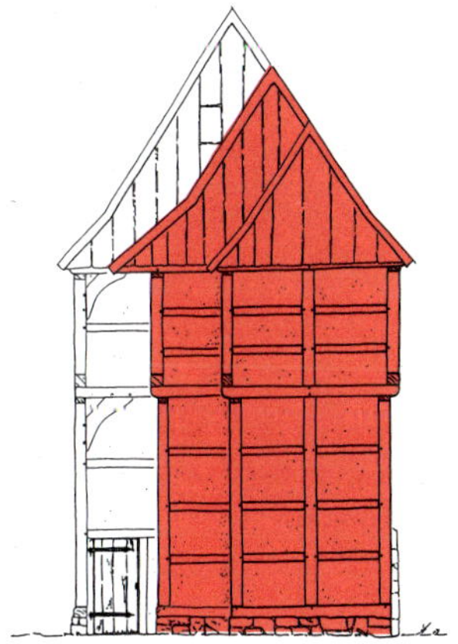

Rückansicht

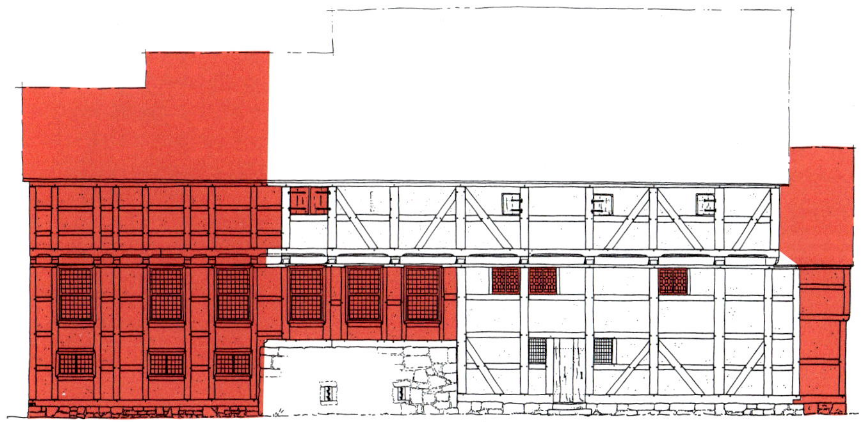

Ansicht vom Kirchplatz

Rekonstruktion des Zustandes im Jahre 1777: Grundrisse

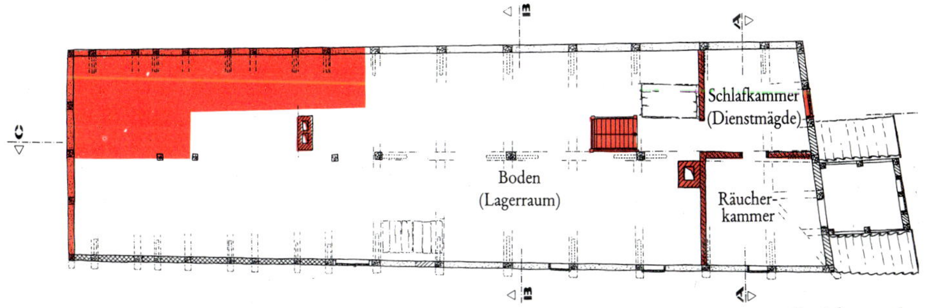

Speicherstock

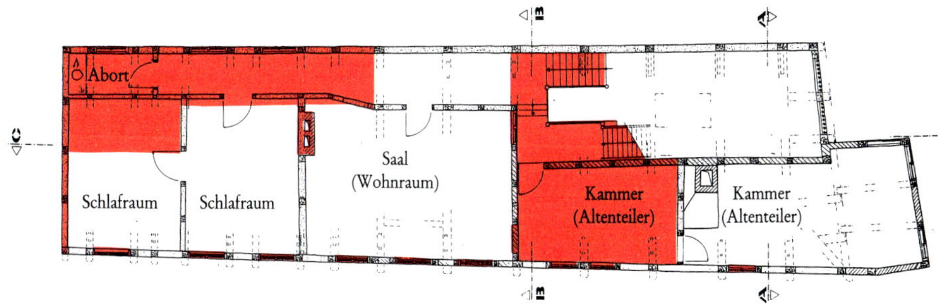

Zwischengeschoß

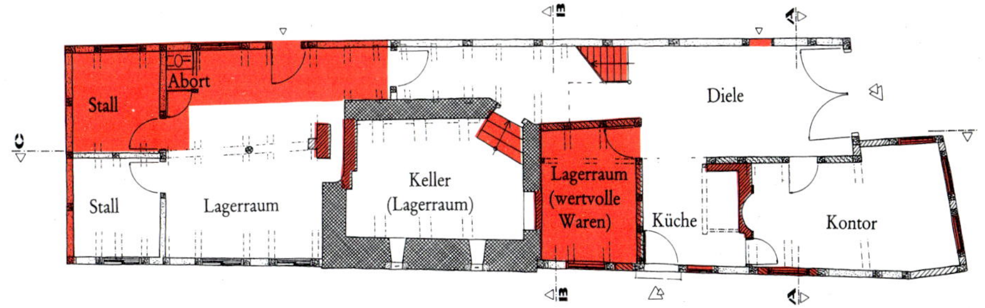

Erdgeschoß

Rekonstruktion des Zustandes im Jahre 1777: Ansichten

Straßengiebel

Rückansicht

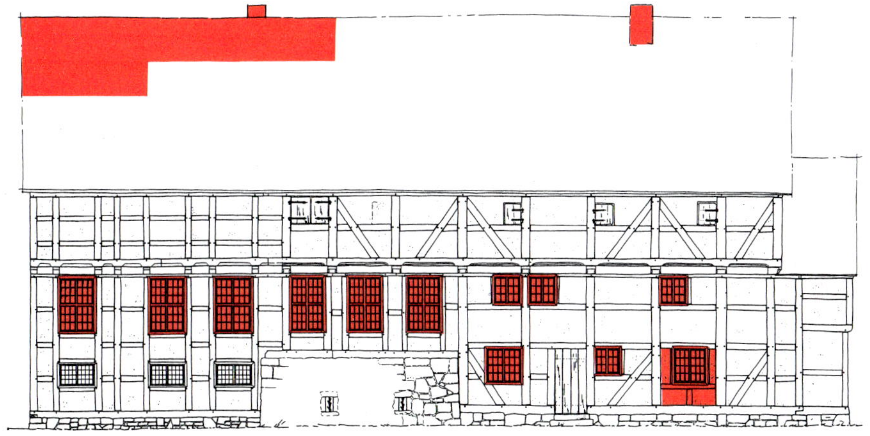

Ansicht vom Kirchplatz

…d der wichtigsten Umbauten (1709,
…m Vorzustand farbig gekennzeichnet
… Bestandes (1989).
…ch auch einzeln zur jeweiligen Bau-

…uchstein

…ckstein

…ehmflechtwerk/
…ehmwellerdecken

…ehmtrockensteine

Holz

Bauteile oberhalb der Schnittebene

Kopfband vorhanden

Kopfband entfernt

0 1 2 3 4 5 m

Rekonstruktion des Zustandes im Jahre 1576:
Grundrisse

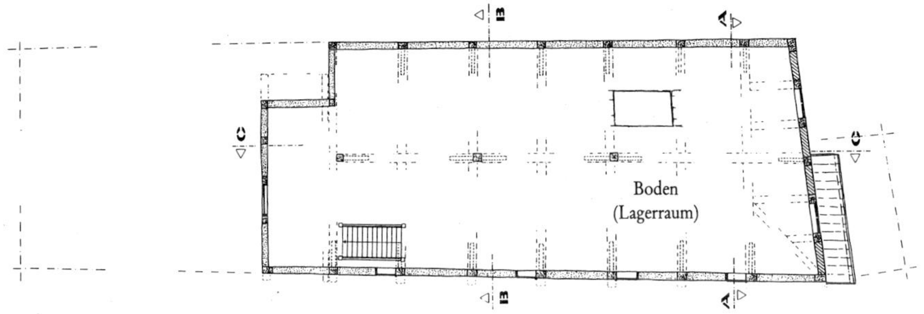

Speicherstock

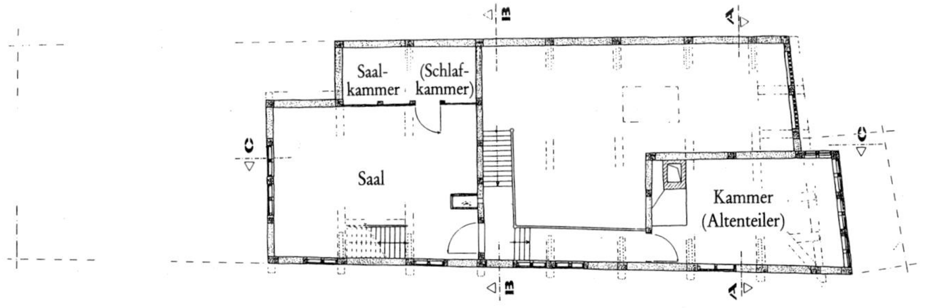

Zwischengeschoß

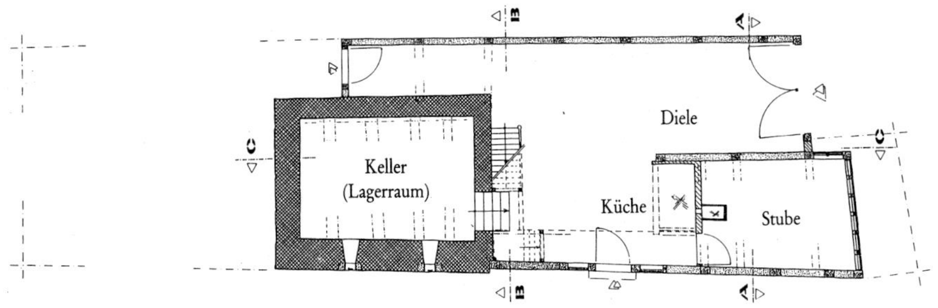

Erdgeschoß

Rekonstruktion des Zustandes im Jahre 1576:
Ansichten

Straßengiebel

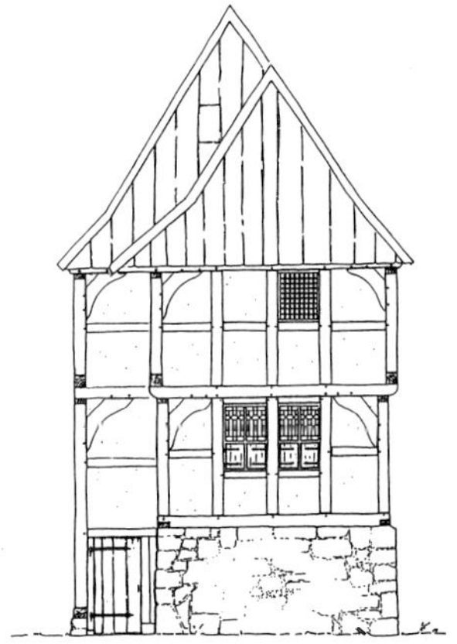

Rückansicht

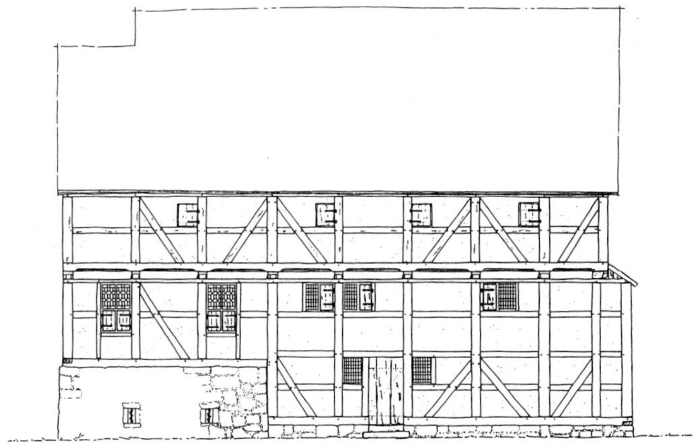

Ansicht vom Kirchplatz

Rekonstruktion des Zustandes im Jahre 1576:
Schnitte

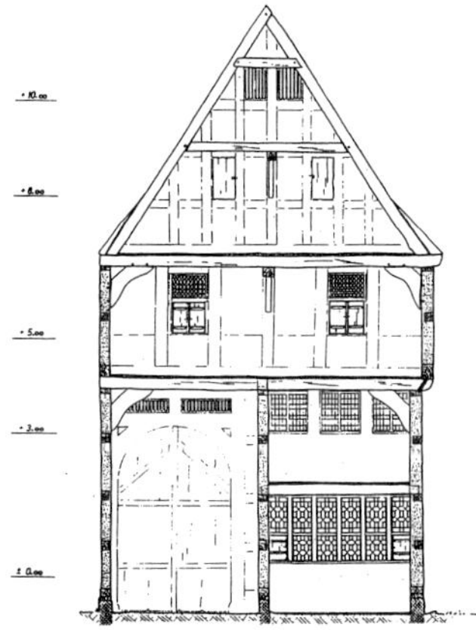

Querschnitt A – A

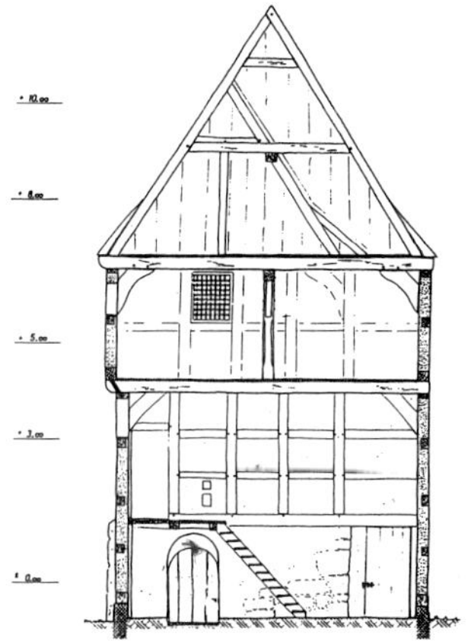

Querschnitt B – B

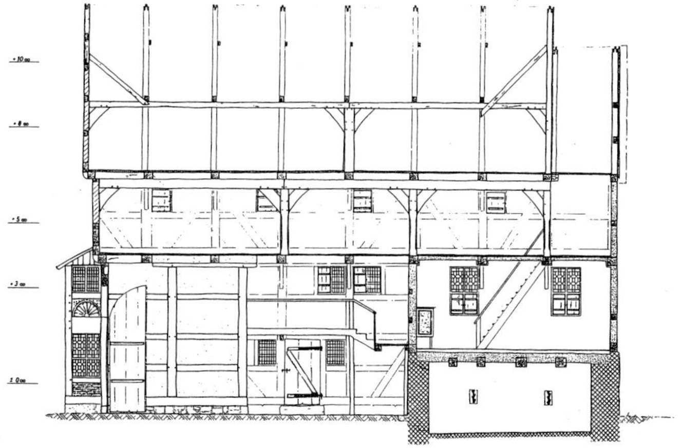

Längsschnitt C – C